LUDWIG PASCH – „HEIMAT – INMITTEN DER MENSCH"

Ludwig Pasch

HEIMAT

Inmitten der Mensch

MDV
Moserbauer Druck & Verlag

Titelbild: Ilse Bachmair

Gesamtherstellung: Moserbauer Druck & Verlag, 4910 Ried, Tel. 07752/88588

ISBN 3-900847-71-1

Inhalt

Dir, lieber Leser, ein herzliches „Grüß Gott!"

In meiner Dissertationsarbeit „Kulturgeschichtliche und volkhafte Wandlungen im Bezirk Ried i. I." stehen als Vorwort Sätze, die auch heute, nach 30 Jahren, ihre Gültigkeit haben:

„Das große Glück, einer kinderreichen Familie entstammen zu dürfen, die in den geistigen und materiellen Not- und Umbruchstagen der vergangenen Jahrzehnte die stille Stätte des Dienens und Opferns blieb, gab meinem Streben nach persönlicher Entfaltung und dem Ringen um soziales Verständnis Fundament und Ziel. Schon in der frühesten Jugend galten meine Liebe und Zuneigung den einfachen, schlichten Menschen unseres Volkes, die mir in den Höhen und Tiefen ihres Denkens und Fühlens die Polarität wahrer Menschlichkeit offenbarten. Nicht der perfekt erscheinende, sondern der versagende und sich wieder aufrichtende Mensch erweckte in mir Teilnahme und Hilfsbereitschaft."

In meinem Hiersein erlebe ich die Familie als stärkstes Bollwerk gegen äußere und innere Bedrängnisse. Sie gibt Schutz und Halt.

Mein großer Dank gilt daher den Eltern, die nur für die Familie lebten, Not und Freude mit uns allen teilten und eine menschliche Wertordnung vermittelten.

Glückliche Familien ermöglichen einen gesunden Sozialstaat. Zerstört eine Staatengemeinschaft den Familienverband, so bedeutet dies Selbstmord. In meinem Leben gehen zwei menschenfeindliche Systeme, Kommunismus und Nationalsozialismus, Sowjetunion und Großdeutschland, internationaler und nationaler Sozialismus unter.

In modernen Denkgebilden geistern aber heute Bilder austauschbarer Partnerschaft als Ersatz für die Familie umher.

Glückliche Familien - glückliche Kinder - glückliche Heimat in der Hand des erlösenden, erbarmenden Gottes.

Dies ist die Aussage meiner Zeilen. Sie vermittelt mir ein erfülltes, glückliches Leben.

Es umarmt Euch

Vater Pasch

Nunmehr viertgrößtes Bundesland

1918, in der Republik Österreich, war Oberösterreich mit unveränderter Fläche (11.982 Quadratkilometer) flächenmäßig nach Niederösterreich, der Steiermark und Tirol das viertgrößte Bundesland. Kleiner sind Kärnten, Salzburg, das Burgenland, Vorarlberg und Wien.

Nach der Bevölkerungszahl (1920: 858.795) lag Oberösterreich nach Wien, Niederösterreich und der Steiermark ebenfalls an vierter Stelle, gefolgt von Kärnten, Tirol, dem Burgenland, Salzburg und Vorarlberg.

Das Erzherzogtum Österreich ob der Enns im Bereich der Habsburgermonarchie (bis Oktober 1918) und das Bundesland Oberösterreich in der Republik Österreich (ab 1918)

Quelle: Harry Slapnicka: Oberösterreich 1917–1977, S. 11

Geburt in Armut

Es ist Freitag, 3. Jänner 1919: Auf der Titelseite der Oberösterreichischen Volkszeitung - Ried - steht

Ins neue Jahr

Landeshauptmann Hauser richtet an das christliche Volk einen Aufruf: „Nicht die Besinnung verlieren. Wir stehen am Wendepunkt unseres gesamten kulturellen, politischen und wirtschaftlichen Lebens!"

Um Radikalisierung und einen Putschversuch zur Errichtung der Diktatur des Proletariats zu verhindern, wird eine Koalitionsregierung gebildet.

Die Siegermächte des Weltkrieges haben nicht einmal den Noten unserer Regierung eine Antwort gewürdigt.

Die Freitagsausgabe der Rieder Zeitung vom 28. Februar 1919 ist voll von Hiobsbotschaften:

Düstere Bilder

Die russischen Bolschewiken wollen ganz Europa in einen neuen Feuerherd treiben.

- Kommunistenkrawalle in Budapest und Graz
- Aufstand in deutschen und böhmischen Kohlengruben
- Ministermord in München
- Einsetzung einer Räteregierung in Bayern
- Blutige Straßenkämpfe in Graz

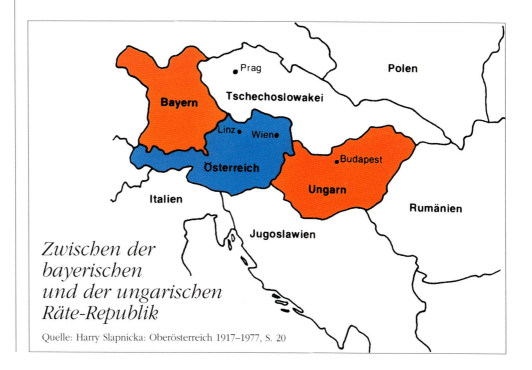

Zwischen der bayerischen und der ungarischen Räte-Republik

Quelle: Harry Slapnicka: Oberösterreich 1917–1977, S. 20

RIED im INNKREIS. — Vorstadtgasse.

Woher kommen diese Eltern, die den Alltag rechtschaffen, arbeitsfreudig, nicht jammernd annehmen und trotz großer materieller Armut eine glückliche Kindheit vermitteln können?

Beide, Vater und Mutter, sind „ledige Kinder". Vater lernt nicht einmal seine Mutter kennen.

Im Taufbuch zu Ostermiething ist sie als Magd eingetragen. Der kleine Ludwig wird in einer Bauernfamilie liebevoll aufgenommen. Mit zwölf Jahren verdient sich Vater das Nötige zum Leben bei einem Bader in Bayern. Hier lernt er das Herstellen von Mixturen aus Kräutern und Gräsern für Heilbäder, das Anlegen von Wundverbänden, Handgriffe bei Fahrrad- und Carbidlampenreparaturen, Rasieren und Haarschneiden.

Mittwoch, 26. Februar 1919: In das amputierte, gedemütigte, völlig verwirrte Deutschösterreich wird im ehemaligen Stallgebäude der Müllerei Huber, Vorstadtgasse 18a, ein Kind geboren.

In einer Kammer im ersten Stock, sie dient als Küche, Wasch-, Wohn-, und Schlafraum, leistet die tüchtige Hebamme Wimmer seit den Morgenstunden Geburtshilfe. An der Decke hängt eine gusseiserne Petroleumlampe. Zwei kleine Fenster lassen von der Gasse Licht herein. Um 10 Uhr vormittags dringt der erste Schrei des 5. Kindes der Friseurfamilie Pasch in die von Kriegsgrauen und Zukunftsängsten erfüllte Welt. 3 Tage danach wird der Bub in der Stadtpfarrkirche zu Ried auf den Namen Ludwig getauft.

Mein Leben liegt in ärmlichen, aber warmen, behütenden Händen - geborgen und bejaht.

Das „JA!" zum Leben eines Kindes, in den folgenden Jahren noch oft gefordert, ist naturhaft, selbstverständlich, manchmal auch schmerzhaft gesprochen.

„Schickt der Herr ein Haserl, schickt er auch ein Graserl."

Dies ist kein frommer Spruch der Eltern, sondern erlebte Lebenserfahrung, Realität.

Vater als Friseurlehrling

Bei der Totenbeschau ist es auch manchmal seine Aufgabe, das Gesicht des Verstorbenen zu rasieren. Für den jungen, sensiblen Burschen doch ein beklemmendes Gefühl.

Da steht einmal beim Einseifen die Seifenschale auf der drüberen Seite der Totenbahre. Als sich nun der Badergehilfe mit dem Rasierpinsel in der Hand zur Tasse hinüberbeugt, presst sich sein Knie auf den Brustkorb des Verstorbenen. Der entweichende Luftstrom lässt einen wimmernden Laut aus dem verschlossenen Mund entweichen. Entsetzt lässt der Junge alles fallen.

Als 15-Jähriger tritt Vater die Lehre beim Friseurmeister Bauer in Braunau an. Nach zwei Jahren erwirbt er bereits den Gesellenbrief und geht als Friseurgehilfe zum Meister Lienbacher in der Schwanthalergasse zu Ried i. I.

Ganz in der Nähe, am Kirchenplatz, ist Maria Luger Köchin beim bekannten Arzt Dr. Dorfwirth. Sicherlich hat sie den jungen, feschen Friseurgehilfen mit köstlichen Resten aus der Arztküche „bezirzt". Sie sollte später Mutter einer Großfamilie werden.

Zwei Innviertler, Vater aus dem Weilhartsforst, Mutter aus dem Sauwald, finden den gemeinsamen Weg bis ins hohe Alter.

Die Mutter wächst lebensfroh in bäuerlicher Umgebung auf. Großmutter ist eine gesuchte Hochzeitsköchin in Münzkirchen. So kommt Maridl - Mutter wird so von allen gerufen - weit in der Umgebung des Sauwaldes umher

Mutter mit 18 Jahren

und strahlt Temperament, Lachen und Frohsinn aus. In einem frohen Wirtshausleben hört sie Balladen, Sagen und Wundergeschichten aus dem unteren Innviertel. Neugierde und große Gschaftigkeit werden ausgelebt. Häuser, Wiesen und Wälder werden mit den Freundinnen unsicher gemacht. In völlig natürlicher Einstellung zum Sterben und Tod werden von den Kindern auch die Häuser eben Verstorbener besucht.

Da liegt nun ein altes Mütterlein in der Totenkammer auf dem Totenschragen, unter dem Kopf einen mit Hobelscharten gefüllten Polster, bekleidet mit dem „besseren Gewand", ohne Schuhe. Aufgebahrt ist es mit den Füßen zur

Tür gerichtet - die Seele soll den Weg aus dem Haus finden.

Über dem Haupt der Toten ist ein Kruzifix aufgestellt, am Fußende steht eine Schale mit Weihwasser und einem Fichtenzweig als Sprengwedel.

Das kleine Fenster ist mit einem schwarzen Tuch verhängt. Die Wanduhr ist abgestellt, der Uhrzeiger verkündet die Sterbestunde.

Die Augen der Toten sind fest geschlossen, aber der Unterkiefer ist diesmal mit einem bunten Tüchl hochgebunden.

Das missfällt natürlich unserer couragierten Maridl. Mit Hilfe ihrer Freundinnen erklettert sie die Bahre und bindet diese „Verunzierung" los. Der Unterkiefer fällt herunter, die Totenstarre ist noch nicht eingetreten. Schnell flüchtet die Kinderschar.

Wie hat sich doch unsere Einstellung zum Werden und Vergehen irdischen Lebens geändert! Vieles, Allzuvieles wird gänzlich verdrängt: Das „JA" zum Leben eines Kindes wird durch „Fristenlösung" ersetzt; ein Leben zu zweit „bis dass der Tod euch scheidet" findet im abwechslungsreichen Genuss ein frühzeitiges Ende. Der verschlossene Sarg wird wohl prunkvoll, aber fern von der gewohnten Umgebung des Verstorbenen steril aufgebahrt. Das tote Antlitz, das den Lebenden noch so manche Frage stellen will, findet in der Dunkelheit des Sarges keine Antwort mehr.

Die heranreifende Luger Maridl nimmt der Matthis-Onkel oft zur Jagd mit. Dabei lernt sie auch die Wiener Gesellschaft kennen, die im Sauwald mit dem Onkel das Jagdrevier durchstreift. Neben echtem „Jägerlatein" werden Fantasie, Organisationstalent, Freude am Werden und Vergehen der Natur, Sicherheit im Umgang mit Mensch und Tier geschult; alles Tugenden, die zur Errichtung und Führung einer Großfamilie benötigt werden. Hausverstand, Natürlichkeit, praktische Lebensführung, Frohsinn und Lust zum Fabulieren zeichnen unsere zukünftige Mutter aus.

Gerne erzählt sie vom Matthis-Onkel:

Lange vor Sonnenaufgang ersteigt er mit einem Wiener Arzt den Hochstand am Rande der Waldlichtung. Es ist noch sehr kühl. Nebelfetzen geistern entlang der Halme und Büsche, steigen an den Baumwurzeln und Stämmen hoch, schmiegen sich an die Wipfelsprossen. Das Warten auf das Heraustreten des versprochenen Hirsches wird immer aufregender. Ein Frösteln durchbebt die ärztliche Seele. Erst ein, dann zwei, dann drei Schlückchen aus dem köstlichen Schnapsflascherl! Das fieberhafte Warten erreicht seinen Höhepunkt. „Matthis-Onkel, ich muss dringend auf die Seite!" ... Erst leise, dann aber immer dringender ... Der Onkel beobachtet ruhig, geduldig mit dem Fernglas den Waldrand. Nur durch ein bestimmtes Zeichen gibt er dem Jagdgast zu erkennen, er möge

Mutter als RK-Schwester (Lazarett „Goldener Stern", Ried)

sich vom Hochstand aus erleichtern. Ein erschrecktes, aus tiefster Seele heraus erpresstes: „Ich hab ja kein Papier zur Hand" ist zu hören. Der Onkel bleibt seelenruhig und flüstert zurück: „Gehst halt nachher zum Putzen über die Gröstling[1] hin."

Vater in Südtirol

12

In den Kriegstagen des Jahres 1915 wird in der Stadtpfarrkirche Ried geheiratet. Im Trauungsbuch Tomus IX, Pagina 95, Reihenzahl 15, Datum 22. November 1915 scheint als Bräutigam Ludwig Pasch, Friseurgehilfe in Ried i. I., Vorstadtgasse 18a, als Braut Maria Luger, Private in Ried i. I., Griesgasse 13, auf. Beistände sind Mesner und Kirchendiener. Der Bräutigam benötigt eine Großjährigkeitserklärung vom k.k. Bezirksgericht Wildshut. Er ist um 3 Jahre jünger als die Braut. Der Trauungspriester vergisst seine Unterschrift im Trauungsbuch. Erst nach Jahren, nach der Taufe des 7. Kindes, wird Dechant Riepl auf das Fehlen der Unterschrift aufmerksam. Er trifft unsere Mutter unter dem Braunauer Tor und fragt empört: „Welch schlampiger Kooperator hat sie denn eigentlich getraut?" Mutter darauf schlagfertig: „Wenn Sie mich schon so fragen, der schlampige Kooperator sind Sie!"

*

Es ist Donnerstag, 26. Februar 1920. „Wiggi" feiert seinen ersten Geburtstag. Von der Mutterberatungsstelle im Rathaus wird für die Kinder eine Flasche Lebertran geholt.

Die Zeitungsausgabe von diesem Tage zeichnet die große Not des zweiten Nachkriegsjahres:

Laut Verordnung wird die Brotquote um ein Fünftel herabgesetzt

Große Lebensmittelbeschlagnahme am Bahnhof Ried

Schwere Schleichhandelsbeute

Geldschmuggel nach der Slowakei

Eine Million Kronen in zwei Laib Brot eingebacken

Streik der Tunnelarbeiter im Hausruck

Der Doppelmord von Kopfing vor dem Schwurgericht

Neben der materiellen Not berichtet die Zeitung auch von der Elternkonferenz im Saale „Zum goldenen Stern": Eltern, Erzieher und Gemeindepolitiker stellen sich voll Sorge „gegen den Unfug und die schädliche Wirkung von Filmvorführungen, da sie weitaus zum größten Teile auf die niedrigen Instinkte der urteilslosen Masse eingestellt sind. Dem Unfug muss wirksam entgegengetreten werden." Gefordert wird eine strenge Handhabung der bestehenden Vorschriften. Dem wahllosen Besuch von Lichtbildvorstellungen durch Jugendliche muss ein Riegel vorgeschoben werden.

Da liegen ja Welten zwischen dem Jugendverbot vor 80 Jahren und der Handhabung psychischer Belastbarkeit unserer Jugend am Ende des 2. Jahrtausends bei der Bewältigung des Fernseherrors in den vier Wänden der elterlichen Wohnung.

Die Zeitungsausgabe vom Februar 1920 bringt auch für die Bevölkerung von Ried etwas Erfreuliches:

Errichtung einer Badeanstalt durch den Gastwirt Felix Wageneder in Bad Ried mit Dampf- und Vollbad.

Zu dieser Zeit gibt es nur in drei Bürgerhäusern der Stadt mit 6000 Einwohnern ein Badezimmer.

Die Waschtage verlaufen bei uns so:

Im Keller steht ein hölzerner Waschtrog neben einem kleinen Eisenöferl. Tage vorher werden die Waschzuber mit Wasser gefüllt, um die ausgetrockneten Gefäße wieder dicht zu machen. Holz und Kohle werden herbeigeschafft. Im dampferfüllten Kellerraum wird die vorher in Lauge eingeweichte Schmutzwäsche gekocht, mit Kernseife gebürstet, mit kräftigen Armen ausgewunden und im vorbeifließenden Mühlbach geschwemmt. Die schwere, nasse Wäsche wird nun in Waschkörben über das „Koblederbergerl" zur Oberach hinuntergetragen. Im Frühling stehen duftend Akazienbäume mit süßen Blüten entlang dieses Baches.

Wäscheleinen werden an ihnen festgemacht. Wir Kinder dürfen der Mutter die Wäscheklupperl [2] zum Befestigen der Wäsche reichen. Im Winter geschieht das Trocknen auf dem Dachboden. Für die große Familie bedeutet dies monatlich drei mühevolle Tage.

Im Winter und an Regentagen ist der Dachboden ein beliebter Spielplatz.

Badetag ist immer Samstag: Der Waschtrog wird einmal (bei weiterem Kindersegen zweimal) mit heißem Wasser gefüllt und die Kinder werden nach einer gewissen Reihenfolge darin mit Bürste und Kernseife geschrubbt. Da gibt es freilich auch Streit und Neid, wenn der kleine „Wiggi" öfter als die größeren Geschwister als erster in das noch saubere Badewasser darf. Er ist eben der „Muatalehnli" [3].

Bei der Badeprozedur geht es selbstverständlich nicht zimperlich zu. Auf kleine Unmutsäußerungen, wie „hoaß is" oder „Mutter, du tuast ja weh!", gibt es eine kurze, sachliche Antwort: „Dreckig bist!" Diese Sachlichkeit erklingt auch bei anderen Anlässen. Kratzen die schafwollenen Strümpfe, gibt es ein: „Aber warm sind sie!", riecht man die „Goaßmili", so heißt es: „Gesund ist sie!", wird die „Breznlini" mit nicht ganz sauberem Brotgebäck abgelehnt, so gilt die nüchterne Feststellung: „Aber arm ist sie!"

Für die Mutter gibt es immer ärmere Leute, für Vater genug Kundschaft, die, ohne zu bezahlen, rasiert wird oder umsonst einen Haarschnitt bekommt.

Das war es ja; die eigene Armut wird mit der größeren Not der anderen verglichen, immer in die noch tieferen Abgründe voll Angst und Verzweiflung geblickt. Eigene Bedürfnisse werden nicht zu marktschreierischen Anklagen benutzt. Die fleißigen Hände rühren sich für die eigene Familie, offene Augen und Arme gibt es für die notleidende Umgebung.

Bäuerliches Selbstbewusstsein, gesundes Empfinden für Eigenverantwortung, Stolz auf Kindersegen und Unabhängigkeit von Gönnerallüren fördern das Wachsen der Eigenpersönlichkeit und deren Entfaltung. Armut wird nicht als Schande gesehen, sondern als Auftrag zum eigenen Handeln. Man fühlt sich frei, selbstbewusst, kann ohne zu „kuschen" offen seine Meinung sagen. Dies beherrscht die couragierte Mutter oft wortgewaltig.

Da findet die Organisationswelt des Austromarxismus, das kollektive Hoffen und Erleben einer totalitären Vereinnahmung mit massenwirksamer Agitation, keine Begeisterung. „Tue recht und scheue niemanden!" höre ich den Vater sprechen. Wegen seiner elternlosen Kindheit würde man ihm heute voll Verständnis ein asoziales Verhalten zugestehen. O, ihr weisen Pädagogen, die ihr nur mit Streicheleinheiten unsere Jugend zum vollen realen Leben erziehen wollt. Bäuerliches Denken will weder organisierte Wohlfahrtsfürsorge noch gönnerhafte Wohltätigkeit. Das Eingebundensein in eine totale Parteiorganisation „von der Wiege bis zur Bahre" wird als menschenfeindlich empfunden. Sind die Not und das Unverständnis der Umwelt sehr groß, spricht wohl unser Vater: „Die Welt wäre so schön, wenn es keine Menschen gäbe", um gleich auf meine Antwort: „Aber Vater, da wären wir ja auch nicht", entschuldigend zu lächeln.

Ja und überhaupt: Wie kann ein Mensch soziales Empfinden nur einer Partei zu Liebe entwickeln, nur einem amputierten Denken, das an Stelle transzendenter Gewissheit nur diesseitiges Organisationstalent erhofft.

Von der unerbittlichen Ablehnung religiöser Lebenshaltung ist man angewidert, zugleich aber steht man sozialistischen Mitmenschen unbefangen, freundschaftlich, ja oft liebevoll gegenüber.

Die väterliche Gewissheit: „Alles Unrecht rächt sich schon auf Erden", lässt

politische Verwirrung im Laufe des Lebens versinken. Hassgefühle sind völlig unbekannt. In unserem Familienleben ist immer der Nächste miteingebunden.

Das sozialistische Streben nach totaler Veränderung der bestehenden Gesellschaft kann wohl Kirche und Staat, nicht aber unsere Familie erschrecken. „Nichts wird so heiß gegessen wie es gekocht wird!" Die Lebensauffassung der Eltern gipfelt in den schwierigen Stunden der übergroßen Not in dieser Aussage. Fremd steht man dem sozialistischen Hoffen auf den naturgesetzlich automatischen Übergang vom Kapitalismus zum Sozialismus gegenüber. Dieses Sinnen wird nüchtern als revolutionäre Illusion abgetan. Das Leben schreibt ja andere Zeilen und vermittelt anderes Wissen.

Eine verzweifelte Arbeiterfrau aus dem Hausrucker Kohlenrevier ist Kundschaft im väterlichen Friseurgeschäft. Sie ist sehr belesen und vom sozialistischen Denkgebäude erfüllt.

Ein für uns alle bedeutsamer Satz fällt: „Not lehrt nicht beten, sondern denken". Der sozialistische Schlachtruf: „Wissen macht frei! Wissen ist Macht!" soll die Fernerwartung der „Diktatur des Proletariats" beschleunigt näher bringen. Dieser These steht die Lebensweisheit der Eltern gegenüber. Von ihnen hört man schlicht: „Der Mensch denkt und Gott lenkt!"

Notgeldentwurf 1920 von Wilhelm Dachauer

Rieder Notgeld 1920, 1. Auflage

Vom Gulden zum Schilling

„Mutter, kriag i an Tausender?" Bettelnd hängt der kleine Wiggi an der Rockfalte der Mutter. Er möchte gerne eine kleine Süßigkeit kaufen. Es gibt Gerstenschleim, Pumpernickel, Blockmalz, Stollwerk, Li-Brausepulver oder gar ein Stück Feuerstein, das für einige Tage als Bettsteigerl benützt werden kann.

Am Fuße des Kapuzinerberges, gleich vor der Stiege, lebt eine Krämerin. Die alte „Binderin" hat immer einen schmackhaften Erdäpfelkas. Um 3 Groschen heißt es bei ihr: „Halt d'Hand auf!" Darauf patzt sie ein köstliches Gupferl, das man schnurstracks ablecken kann. Um 5 Groschen wird sogar vom hinteren Stüberl ein zusammengeschnittenes Zeitungspapier, das auch für den Abort vorbereitet ist, geholt und darin der begehrte Kas eingewickelt.

Was ist da nun los mit dem „Tausender" und den „Groschen"?

Schon am 28. Februar 1919 steht in unserer Zeitung die Kundmachung: Bevorstehende Notenkennzeichnung in Deutschösterreich. Alle entbehrlichen Vorräte an Bargeld sind zur Abstempelung in der Sparkasse einzulegen. Es gibt ja nur Notgeld aus Papier. Der Banknotenumlauf der Sparkasse Ried erreicht im Jahre 1922 eine Summe von rund 7 Billionen Kronen.

Am 22. Februar 1923 liest man: „Reinigungsprozeß im Wiener Bankwesen. Verhaftung von Bankdirektoren".

Im April des gleichen Jahres wird die Völkerbundanleihe angeboten:

Österreich garantiert Staatsanleihe 1923 - 1943.

Am 3. Jänner 1924 meldet die Rieder Volkszeitung: An der Wiege unseres Schillings. „Jetzt gibt es keinen Zweifel mehr, dass die gute alte Zeit, in der man mit ‚Kreuzern' und ‚Sechserln' klimpern konnte, neu ersteht".

Das Schillingsrechnungsgesetz vom 20. Dezember 1924 legt fest:

10.000 Kronen = 1 Schilling

Für Menschen und Institutionen dieser Nachkriegszeit lösen sich Schulden in Wohlgefallen auf: 1919 weist die Finanzverwaltung der Stadt Ried 1 Million Kronen Schulden auf. Dies wären nach dem Stand von 1924 bereits 10 Milliarden Kronen Schulden. Durch die totale Geldentwertung hat aber die Abzahlung des Schuldenbetrages keine Bedeutung mehr.

Der ganze Gemeindebesitz an Gebäuden, Grund und Unternehmungen ist 1924 völlig unbelastet. Rechtzeitiges Anschaffen von wertbeständigem Vermögen hilft dabei. Baumaterial, Pflastersteine, Schotter und Holz werden bereitgelegt, ein eigenes Kohlenbergwerk in Straß bei Eberschwang angelegt. Der Krankenhaus- und Schulbetrieb können dadurch notdürftig aufrechterhalten werden. Die Umwandlung von Holz- in Dauerbrücken, die Ausgestaltung von Straßen und Gehwegen, das Anlegen von Straßenübergängen und Bürgersteigen, der Beginn von Kanalisation in Teilen der Stadt helfen mit, die drückende Arbeitslosigkeit zu bekämpfen.

Sparer und Anleihezeichner verlieren aber in diesen Tagen alles. Angst und Schrecken herrschen in vielen Familien.

Inmitten dieses Tumultes lebt unsere Familie wie auf einer Insel der Zufriedenheit. Freilich, wenn die Not in diesen Jahren übergroß wird, wenn am Morgen auf eine Kundschaft des väterlichen Friseurgeschäftes gewartet wird, um Brot für den Tag besorgen zu können, kommt es schon vor, dass die Mutter verzweifelt aus dem beengten Trubel der hungrigen Kinderschar (1922 ist sie auf die Zahl sieben angestiegen) das Weite sucht. Da heißt es dann: „Wiggi, lauf der Mutter nach und bitte sie zurückzukommen."

Für Vater, der nur für die Familie lebt und arbeitet, gilt dabei immer die Gewissheit: „ Der Herrgott muss helfen!"

Eltern mit Pepi, Greti, Mitzi, Emmi, Wiggi, Frieda, Loisi 1923

Es ist Abend

Auf der alten Bettbank tummeln sich die Kleinen um die Mutter, das Jüngste auf dem Schoß. Man spürt sich selbst in der Wärme aller geborgen, behütet.

„Mutter, erzähl uns die Geschichte vom Bummal." Erwartungsvoll, freudig erregt, alle Augen sind auf sie gerichtet. Der Mutter Vortrag wirkt wie ein schauriges Theaterstück. Mit tiefer Stimme beginnt sie:

„Es schickt da Bauer den Bummal aus, er soll den Habern mahn!" Ganz dicht an die Mutter geschmiegt, hängen wir an ihren Lippen. Vorwurfsvoll, etwas bewegt, erklingt es nun: „Da Bummal maht an Habern net und kommt auch nicht nach Haus!" O je, die erzürnte Mutter, die weder Ungehorsam noch Widerrede liebt, erhebt ihre Stimme: „Jetzt schickt da Bauer an Prügel aus, er soll den Bummal prügeln!" Die Mutter ist in ihrem Element. Schaurig erregt prasselt nun das Drama über unsere Köpfe: „Da Prügel prügelt an Bummal net, da Bummal maht an Habern net, und kommen nicht nach Haus!" Gestikulierend geht es weiter:

„Jetzt schickt da Bauer das Feuer aus, es soll den Prügel brenna! Das Feuer brennt an Prügel net, da Prügel prügelt an Bummal net, da Bummal maht an Habern net, und kommen nicht nach Haus." Das Strafgericht nimmt seinen Lauf: „Jetzt schickt da Bauer das Wasser aus, es soll das Feuer löschen. Das Wasser löscht das Feuer net, das Feuer

Kurt Regschek

brennt an Prügel net, der Prügel prügelt an Bummal net, da Bummal maht an Habern net - und kommen nicht nach Haus!" O je, die Mutter ist in ihrem Zorn nicht mehr zu bremsen. „Jetzt schickt da Bauer an Ochsn aus, er soll das Wasser saufn! Der Ochs, der sauft das Wasser net, das Wasser löscht das Feuer net, das Feuer brennt an Prügel net, da Prügel prügelt an Bummal net, da Bummal maht an Habern net - und kommen nicht nach Haus." Das drohende Gericht über die Unfolgsamen schwebt über unseren Köpfen.

„Jetzt schickt da Bauer an Metzger aus, er soll den Ochsn schlachten. Da Metz-

ger schlacht den Ochsn net, da Ochs, der sauft das Wasser net, das Wasser löscht das Feuer net, das Feuer brennt an Prügel net, der Prügel prügelt an Bummal net, da Bummal maht an Habern net - und kommen nicht nach Haus!"

Bange, aber doch das gute Ende erhoffend, erleben wir den Schlussakkord:

„Jetzt schickt da Bauer an Teifi aus: Er soll den Metzger holn!" Wie ein Donnerwetter prasselt es nun herab: „Da Teifi holt den Metzger - da Metzger schlacht den Ochsn - da Ochs, der sauft das Wasser - das Wasser löscht das Feuer - das Feuer brennt an Prügel - da Prügel prügelt an Bummal - da Bummal maht an Habern und alle kommen nach Haus."

Erlösend erleben wir die Hochspannung in den behütenden Händen unserer Mutter.

In die Stille der beglückten Kinderschar tönt meine Stimme: „Mutter, nu oamal."

*

Ohne Philosophie-, Psychologie-, Soziologie- und Pädagogikstudium meistert die „Maridl aus Münzkirchen" das volle Leben trotz leerer Hände. Es gibt ja weder Familien- noch Kinderbeihilfe. Wenn es in der Umgebung manchmal heißt: „Der kinderreichen Familie muss doch geholfen werden" verweist die Gemeindestube auf die saubere Kleidung aller Kinder.

Vater meint da nur: „Zerrissen und zerlumpt lasse ich meine Kinder nicht umherlaufen. Ich schicke sie auch nicht ins Stehlen."

Mutter vollbringt ja aus jedem Stoffresterl Wunderdinge, Schuhe werden vom alten Matschina im Leitnerhaus geflickt und dem nächsten Kind weitergegeben. Ganz abgesehen davon: Barfußlaufen ist ja weitaus gesünder.

Und erst: O, welch guten Geschmack bringt sie als prächtige Köchin in das einfachste Essen! Da gibt es Erdäpfel in allen Variationen: Salzerdäpfel, Braterdäpfel, Erdäpfelschmarren, Erdäpfelnudeln, Erdäpfelkrapferl, Erdäpfelgulasch. Ja und Vater liefert aus seiner Kaninchenzucht prächtiges, gesundes Fleisch.

„Kinder heute gibt es Zwetschkenknödel!"

So hört es die Kinderschar mit ganz großer Freude.

Da liegen sie nun auf dem großen Nudelbrett, herrlich rund und gesund dick. Bereit für die hungrige Schar, die durch Freundinnen vergrößert ist. Wir zählen andächtig: Es sind 120 Stück. Am Esstisch heißt es schmal machen. Ein jedes Kind bekommt einen Esslöffel, auf dem Teller liegen schon die geschnittenen Knödel, herrlich anzusehen in den überzuckerten Semmelbröseln. Auf gehts! Ha, war das ein freudiges Essen in der schmatzenden Kinderschar. Gar bald liegen die übriggebliebenen Zwetschkenkerne sauber abgeschleckt auf dem leeren Teller. „Wer will noch was?" Alle rechten Kinderhände recken sich empor. Mutter füllt die Teller nach. Voll Freude und Stolz über die köstlich gelungenen Knödel.

„Mutter, können wir noch einige haben?" Sie lächelt fröhlich und füllt nochmals die Teller. Immer werden die abgeschleckten Zwetschkenkerne auf dem leeren Teller gezählt. Da tönt ein freudiges Geschrei aus dem Munde des Siegers: „Ich habe 13 Knödel gegessen!" Mutter gratuliert herzlich und lobt die tapferen Esser. Warum ist sie wohl so verschmitzt? Freilich, nur sie weiß ja, dass sie bei jeder Tellerfüllung als Zutat abgeschleckte Kerne gibt.

Am Ende des aufgeklärten 20. Jahrhunderts stehen da neben dem Bild meiner Mutter seelenlose Skelette von Feministinnen, Soziologen, Zeitgeschichtlern. Sie besitzen die Frechheit, unsere Mütter und Großmütter als Gebärmaschinen hinzustellen. Ihre Gier propagiert an Stelle von hingebungsvoller Liebe LUST, statt Freude am Sichverschenken leben sie egozentrische Besessenheit. Das Sichfinden im Nächsten, der selbstlose Mut zum Dienen – das Wort „Demut" getraut man sich schon gar nicht mehr auszusprechen – glückliche und erregende Stunden in der Geborgenheit liebender Menschen ist diesen lautstarken Vertretern völlig unbekannt.

Für sie gilt der Schlachtruf: Heraus aus dem Mief des Familienidylls! Selbstverwirklichung an der Werkbank! Hoch die Baby- und Potenzpille! Start der modernen Sexmaschine! Um ihre ahumanen, asozialen Verhaltensnormen zu übertünchen - ist es das schlechte Gewissen? - setzen sie hochwissenschaftliche Ausdrücke: Die Frau ist eine austauschbare Partnerin, die Abtreibung - das „Nein" zum Leben eines Kindes im Mutterleib - heißt schlicht „Fristenlösung", die moderne Geschlechtskrankheit ist nur eine Immunschwäche. Die Faulheit zum Erziehen von Kindern wird als Antiautorität hochgejubelt.

Dass seit Menschengedenken Fehlhaltungen im Leben wuchern, Gott sei es geklagt, dass es keine gute alte oder neue Zeit gibt, dies weiß jeder, der sich um Vergangenheit und Gegenwart redlich bemüht. Das Mühen und Plagen bleibt niemandem erspart. Die Belastbarkeit wird aber durch diese „modernen" Parolen überbeansprucht. Kinder „lösen Lebensfristen" ihrer Eltern und Schulkameraden mit Waffen, Eltern misshandeln Kinder, Mütter werfen sie aus dem Fenster oder legen sie in die Mülltonne. Diese Einzelhandlungen häufen sich und verwirren die Menschen, die ihren ehrlichen Weg gehen. Aber: Kinderlachen auf den Spielplätzen und in den Kindergärten, das Fahren der Kinderwägen von jungen Vätern, Familienwanderungen zu Fuß und mit Fahrrad, Vaterstolz und Mutterglück geben uns auch in den letzten Tagen des 2. Jahrtausends die Gewissheit, dass das Leben lebenswert ist.

1) Gröstling = Wipfelspross des Nadelholzes (Weiterbildung von „Groß")

2) Kluppn = gespaltenes Hölzl vom mittelhochdeutsch Kluppe

3) Lehnli = leanln = lehnen

Kindheit in kalter Zeit

Von den Nachkriegswirren des 1. Weltkrieges, politischen Machtkämpfen und großen Ängsten wird der kleine ‚Wiggi', geborgen in einem kinderreichen „Familienstaat", nicht beeindruckt.

Nichts erfasse ich von den politischen Parolen um das Restland namens „Deutschösterreich". Ringsum wird dieser Abfall der hasserfüllten „Friedensmacher" abgelehnt. Wird der Rest des Habsburgerreiches nochmals in Teile zerrissen? Wohin? Soll das Innviertel, erst endgültig vor 150 Jahren von Bayern nach Österreich gekommen, nicht versuchen, wieder bayrisch zu werden?

1921 finden in meiner Heimatstadt Gespräche zwischen unserem großdeutschen Vizebürgermeister Dr. Graf und dem bayrischen Ministerpräsidenten von Kahr statt.

Der Austromarxismus selbst wurzelt in den Traditionen deutscher Kultur. Dr. Viktor Adler, der Organisator des österreichischen Sozialismus, träumt als Prager Jude von der Assimilation durch den Sozialismus. Er, einst ein standhafter Verteidiger des Habsburgerreiches, huldigt dem automatisch-naturhaften Übergang vom Kapitalismus zum Sozialismus.

Das sozialistische Streben nach totaler Veränderung der bürgerlichen Gesellschaft erschreckt aber Staat und Kirche. Sozialistische Propaganda tut alles, um die historischen Verdienste der Revolution für sich zu reklamieren.

Für die Sozialdemokratie ist die Ausrufung der Republik ein Erfolgserlebnis. Das „Rote Wien" ist das Siegeszeichen einer breiten Organisation. Der Mensch fühlt sich in die Partei eingebettet, von der Wiege bis zur Bahre, von den „Kinderfreunden" über eine gefächerte Wohlfahrtsfürsorge bis zum Arbeiter-Feuerbestattungsverein „Die Flamme". Begeisterung, Intoleranz und

Karl Gruber

Fanatismus erheben die „Aufklärung" zur Ersatzreligion. Das sozialistische Organisationstalent, Quelle ihrer Stärke, führt aber zur völligen Selbsttäuschung.

Für das Bürgertum ist der neue Zwergstaat eine totale Katastrophe. Alle Schuld finden sie nur bei den Sozialisten. Das Brennende der sozialen Frage wird von der Kirche in ihrem Ausmaß nicht erkannt. Sie bleibt Bewahrerin der bürgerlich-patriarchalischen Ordnung und findet keinen Weg zum ausgebeuteten Arbeiter. Die große soziale Aufgabe, die soziale Revolution der Lehre Christi erstickt unter dem kirchlichen Schutzmantel, der über Hab und Gut, Staatsordnung und Bürgertum gebreitet ist.

Kindergarten 1924

Kindergarten und Volksschule

Der heranwachsende Wiggerl Pasch erlebt trotz allem eine unbeschwerte Kinderzeit. Da werden herrliche Kinderspiele ohne Kostenaufwand ausgelebt:

Kugalscheibn mit zwei Spielarten – Grüabazn [1] und Plangazn –, Moastesseln [2] und Schnitzen von Moapfeifferln [3], kunstvolles Messerlwerfen auf einem Brett, Tempelhupfen, und Reifenscheiben. Ja, und erst die Fangspiele: Wer fürchtet den schwarzen Mann? Eins - zwei - drei angeschlagen, verbunden mit aufregenden Versteckenspielen. Das Hand- und Fußballspielen

auf dem Vorplatz vor dem Haus wird vom Müllermeister aber nicht gerne gesehen. Die Fensterscheiben seines Hauses werden öfter getroffen als das Einfahrtstor zur Mühle.

In der Werkstätte des Kupferschmiedes Ortig werden Zirkusvorstellungen organisiert. Mit einer Gage von 2 bis 4 Groschen darf ich mit nacktem Oberkörper als Brennnesselkönig auftreten. Leider wird diese Einnahmequelle wegen Geldmangels oft gestrichen.

Beim Bachwascheln [4] geht es oft auf große Entdeckungsreise: Mit sorgfältig gefalteten Händen werden unter Steinen Koppen [5] hervorgeholt und in vorbereiteten kleinen Tümpeln am Bachrand gehütet und gepflegt.

Sommertage sind Badetage. Aber nicht in der für uns zu teuren Schwimmschule drüber dem Bahnsteig, sondern in den Tümpeln der Oberach, draußen in Angerwaschen. Zur ganz großen Freude finden wir hier herrliche Flusskrebse, die wir zum Schrecken der Mädchen auf ihren Füßen und Armen krabbeln lassen.

Das Schwimmen lernen wir auf billige Art. Für die Dirndln näht die Mutter geflickte Polsterüberzüge zusammen. An einem Eck wird eine leere Zwirnspule eingebunden und mit einem Hölzchen verschlossen. Diese Luftpolster müssen natürlich von Zeit zu Zeit wieder aufgeblasen werden. Da haben es wir Buben schon besser. Vom Metzger holen wir uns getrocknete Saubladern[6], binden zwei von diesen luftundurchlässigen, aufgeblasenen Schwimmbehelfen mit einem längeren Spagat zusammen und legen diese um unseren schmalen Brustkorb. Lustig torkeln diese Blasen rechts und links vom stolzen Schwimmkünstler auf der Wasseroberfläche.

Mit zwei Jahren wird der kleine Pasch in die Kinderbewahranstalt der Vöcklabrucker Schulschwestern in der Schwanthalergasse, ganz in der Nähe der Pfarrkirche, gebracht. Die „Anstalt-Marie", so heißt unsere ältere Betreuerin, umsorgt ein Rudel Kinder mit Gesang, Wort und Spiel. Zu Mittag gibt es eine herrliche Suppe mit einem Stückchen Brot, gespendet von Frauen der Pfarrgemeinde. Besonders gern habe ich die mehlige Brennsuppe, heiß und würzig.

Um 4 Uhr nachmittags holt uns die Mutter ab. Da kommt es schon manchmal vor, dass die strahlende Marie, den Wiggerl glücklich im Arm haltend, der Mutter das „liebe Kind" überreicht. Trocken stellt diese aber nur fest: „Lieb schon, aber es stinkt!"

Die Buben brauchen eben länger zum „rein" werden.

Mit drei Jahren kommt der „Rasiererbub" in den Kindergarten, der im gleichen Gebäude untergebracht ist. Bei Bastelarbeiten werden die kleinen Finger koordiniert. Das Einlernen von Gedichten stärkt nicht nur das Gedächtnis, sondern übt dabei das freie Sprechen. Mit Eifer und Lust sind wir beim Studium von Theatervorführungen.

Vor einem großen „Auftritt" im Saal „Zum goldenen Stern" holt da die um 6 Jahre ältere Schwester Gretl den kleinen Bruder unter den Esstisch und schert ihm den blonden Haarschopf zu einer strahlenden Glatze. Sie will ja ihre angehenden Friseurkünste beweisen.

Nun soll Wiggi ja auf der Bühne einen richtigen Lausbuben darstellen.

Die Familie ist aber entsetzt. Vater gibt mir als gelernter Perückenmacher kurz vor der Aufführung eine Perücke auf den Kopf und stülpt darüber ein pfiffiges „Goaßbuamhüterl".

Bevor der Vorhang aufgeht, werden die jungen Künstler noch kurz unter die Bühne geholt und auf das „Topferl" gesetzt. Aufregung geht eben auch bei Kindern manchmal in die Hose.

Nun ist es aber so weit: Wiggerls großer Auftritt beginnt. Mit einem Juchzer stürmt er auf die Bühne, reißt das Hüterl vom Kopf und schlägt einen flotten Purzelbaum. Aber, o je!

Mit der Kopfbedeckung fliegt auch die Perücke in hohem Bogen in den Zuschauerraum. Ein großes Gelächter erschallt. Was ist los? Wiggerl, der Lausbub, steht verdutzt mit seiner Glatze auf der Bühne.

Mai 1925: Es ist ein herrlicher Wochentag. Sonnenschein umflutet unseren Wiggerl in seinem Matrosengwanderl. Freudig erregt, an der Hand der frohgestimmten, stolzen Mutter, geht es zur Einschreibung in die Knabenvolksschule unter Direktor Huber. Die Schu-

Wiggi als Volksschüler

le in der Roseggerstraße ist umgeben von Bäumen und Wiesen. Gegenüber, entlang des Weges, plätschert ein Seitenarm der Breitsach der Maschinenfabrik Vierlinger entgegen.

Fischkotter sind von Hagebuttengesträuch umgeben. Diese Sträucher sind für uns Buben Lieferant für das berühmte „Juckpulver".

Zum „Entzücken" von Lehrer und Mutter beantworte ich frisch und fröhlich die Fragen: „Ich heiße Ludwig Pasch, bin wohnhaft in Ried, Vorstadtgasse 18a. Geboren bin ich am 26. Februar des Jahres 1919, auch in Ried. Mein Vater ist Friseurmeister. Ich habe noch 6 Geschwister. Ja, ich freue mich schon sehr auf die Schule."

Nun ist es also so weit! Ein schlichter Schulranzen wird besorgt. Darinnen wird die Schiefertafel mit Griffel untergebracht. Ein kleiner Schwamm und ein einfaches Stofffetzerl werden daran befestigt. Beide hängen lustig aus dem Ranzen und grüßen beim Laufen herzlich die Umgebung.

In den Sommermonaten wird nicht nur die schlechte Heizanlage, sondern das ganze Schulgebäude um- und ausgebaut. Untergebracht sind in diesem „Schulzentrum" Gymnasium, Knaben- und Mädchenvolksschule sowie die 3-klassige Bürgerschule. Im Keller des Gebäudes wird nun sogar ein Volksbad installiert.

Am 15. September 1925 ist der große Tag. Josef Speil ist unser Klassenlehrer. Eifrig gehen wir ans Werk. Unvergessen ist der abendliche Spaziergang mit ihm. Staunend wird das herrliche weite Firmament erklärt. Wir suchen den ersten Ausgangspunkt, den Großen Wagen. Nun messen wir die Hinterwand und tragen diese Strecke nach oben fünfmal weiter auf.

Der Polarstern ist erreicht. Das ist ja ganz einfach. Nun erklärt er aber weiter. Wir müssen den Kleinen Wagen suchen. Dort, dort! Schwieriger wird es schon mit dem Gürtel des Orion. Drei helle Sterne stehen nebeneinander. Staunend hören wir unfassbare Weiten, Zahlen, die wir mit unseren Fingerlein nicht mehr erreichen. Wie erklingt da ehrfürchtig am nächsten Morgen unser Lied: „Weißt du, wieviel Sternlein stehen?"

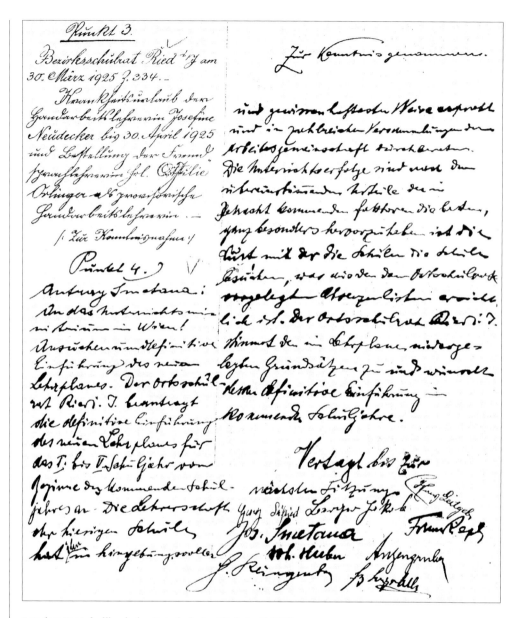

Aus dem Protokollbuch des Ortschulrates Ried; April 1925

Selbstverständlich ist auch die Schule von der politischen Auseinandersetzung nicht verschont: Otto Glöckel, der sozialistische Schulreformer, will an Stelle der „Drill- und Arbeitsschule" eine Lernschule. Josef Smetana, er wird in der zweiten Klasse unser Lehrer, tritt vehement für die Einführung des neuen Lehrplanes ein. Uns Schülern ist es ein herrliches Erlebnis. In unserem Klassenraum können wir Stabheuschrecken, Siebenschläfer und viele Pflanzen das ganze Schuljahr durch betreuen. Wir lernen aus einem Hölzchen unser eigenes Schreibwerkzeug mit dem Taschenfeitel zuzurichten und können mit einem verschiedenfärbigen Plastilin Tiere, Vasen, Menschen eigenhändig kneten. Hier wird der Lehrstoff im wahren Sinne des Wortes „begriffen": Mit den Händen angegriffen, mit dem Hirn aufgegriffen und lustvoll durchgeführt. (Siehe Protokoll des Ortsschulrates Punkt 4, im April 1925)

Als kleiner „Tafelklassler" kann ich natürlich gar nicht ahnen, was an Schulreformen in den nächsten Jahrzehnten an Schüler und Lehrer herantreten. Es schwirrt nur so von Schlagworten.

In der 3. Volksschulklasse ist ein ausgezeichneter Violinspieler unser Klassenlehrer. Über die metallenen Knabenstimmen schwebt der Ton der Geige von Josef Fuchsgruber. Begeistert klingt der ganze Chor.

Fuchsgruber ist nicht nur bei uns in der Schule zu hören. Im Kino Stefan, als 2. Kino wird es am Weihnachtstag des Jahres 1927 eröffnet, spielt er mit einem Klaviermeister Begleitmusik zu den Stummfilmen. Eine lustige Geschichte erzählt man sich in der Stadt: „Im Silberwald" schleichen sich Räuber an das Försterhaus heran. „Vater Stefan", der Kinobesitzer, steht an der Rückseite des Kinosaales und gibt einige Kommentare zum Ablauf des Dramas.

Mit gedämpfter Stimme ist seine Erklärung zu vernehmen: „Mit grimmigem Gesicht blicken die Räuber durch das Fenster. Erbleichend fällt die Försterstochter zu Boden". Dabei spielt unser Klassenlehrer mit seinem Klavierbegleiter fröhlich: „Was geht das uns an, das geht uns gar nichts an …"

Hoffnung, Not, Angst

Gegen die drückende Trostlosigkeit in der Welt der Arbeitslosen und Ausgesteuerten werden während meiner Volksschulzeit von der Gemeinde verzweifelte Anstrengungen unternommen. Plätze werden kanalisiert, Telefonkabel werden verlegt, der Hauptplatz erhält eine neue Pflasterung.

Im Jahre 1927 erstellt die Gemeinde den Verbauungsplan für die neue Wohnsiedlung am Kapuzinerberg, der Nordkuppe. Je nach Größe werden die Parzellen um 1,– bis 2,– Schilling pro Quadratmeter abgegeben. Als Anzahlung gilt ein Fünftel der Baukosten. In 20 Halbjahresraten kann die Rückzahlung der Kredite erfolgen.

Aber auch in kultureller Hinsicht rührt sich manches:

Bei der Gründungsversammlung des Stelzhamerbundes anlässlich des 125. Geburtstages unseres Franz von Piesenham treten alle 4 Gesangsvereine der Stadt zum friedlichen Wettstreit an. Die Liebhaberbühne des Turnvereines Ried 1848 und die Kolpingbühne der Stadt strahlen mit ihren Aufführungen Optimismus und menschliche Wärme aus. Die Stadtkapelle erhält eine neue Uniform. Unter Direktor Stolz wird eine Musikschule errichtet.

Die Oberachbrücke an der Schärdinger Straße wird mit einer Christophorusstatue geschmückt. Nach dem Modell des Münchner Künstlers Angelo Negretti wird sie hier in der heimischen Werkstätte Stübler ausgeführt.

Kolpingbühne „Leopold, mein Sohn"

82 Radiohörer sind im Jahre 1927 bereits in der Stadt angemeldet. Das Rieder Volksfest erreicht im selben Jahr die stolze Zahl von 70.000 Besuchern. Welch Optimismus zeichnet die Menschen aus.

Zur Rettung des Gymnasiums Ried - die Schülerzahlen sinken stark - stellt die Gemeinde einen Baugrund zur Errichtung eines Studentenheimes an der heutigen Konviktstraße zur Verfügung. Da brechen Angst, Not, Leid und Hass aus der Arbeiterschaft hervor. Ihr Mandatar erklärt im Gemeindeausschuss: „Die Arbeitslosen werden lieber verhungern, als einen Stein zu solch einem Neubau beizutragen".

Diese Angst, dieser Hass auf Kirche und Staat brechen nun am 15. Juli 1927

explosionsartig hervor. Der Wiener Justizpalast, Wahrzeichen von Recht und Gerechtigkeit, wird von einer rasenden Menge in Brand gesetzt. Es kommt zu bürgerkriegsähnlichen Ausschreitungen mit vielen Toten.

Dieser Tag bedeutet für den Austromarxismus den Zusammenbruch seiner Strategie und Taktik. Die bürgerliche Welt tritt massiv zum Gegenangriff an. Der österreichische Bundeskanzler Ignaz Seipel unterstützt die Aufrüstungspläne der bürgerlichen „Heimwehr".

Für die österreichischen Sozialdemokraten ist aber Seipel als Priester verpflichtet, Versöhnung und Ausgleich mit der schwer angeschlagenen Sozialdemokratie zu suchen. Die Führer bei-

der Lager, Ignaz Seipel und Otto Bauer, finden aus ihrem menschlichen Denken und Verhalten keinen Weg zueinander.

Gerüchte über eine kommende Weltwirtschaftskrise werden in unserer Umgebung durch die finanzielle Pleite des Forschers einer Urkraft der Erde, des Schlossherrn Schappeller, verstärkt.

Die Ereignisse des Jahres 1929 künden uns bildhaft das Ende unserer Heimat an.

Am 2. Mai schwebt um 9 Uhr 15 morgens stolz, den Himmel beherrschend, das Luftschiff „Graf Zeppelin" auf seinem Österreichflug über unserer Stadt. Barfuß laufen wir Buben die Vorstadtgasse entlang und klatschen voll Freude in die Hände.

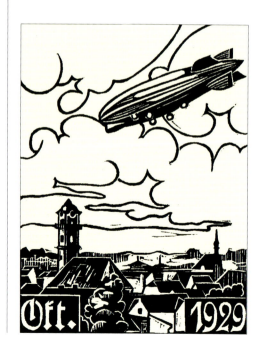

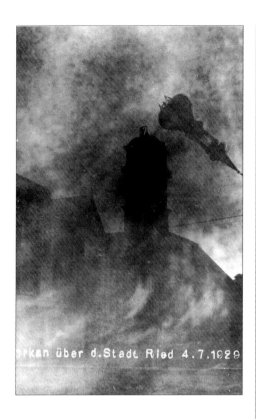

orkan über d. Stadt Ried 4.7.1929

Niemand ahnt, dass in einigen Jahren der Himmel über Österreich vom Dröhnen deutscher Kampfflugzeuge erfüllt ist, und wir voll Angst in den Häusern verharren.

Fachlehrer Eglkraut hat in seinem Linolschnitt vom Oktober 1929 die Luftschifffahrt über dem vom Sturm geköpften Kirchturm der Stadt festgehalten.

Am 4. Juli braust ein Sturm über unsere Stadt, große Zerstörung hinter sich lassend. Gegen halb sechs Uhr abends ist eine meiner Schwestern, mit dem 3 Monate alten Brüderchen Herbert im Kinderwagerl, im alten Park unterwegs. Gelbe, rote, schwarze Wolken-

fetzen türmen sich drohend im Westen auf. Gerade erreichen meine Geschwister noch das schützende Heim. Ängstlich ruft uns die Mutter und bittet, sofort die Fenster zu schließen.

Sepp, der älteste Bruder, rennt gleich in den Halbstock, um das Fenster des Abortes zu erreichen. Schon fliegen ihm die Kindertopferl entgegen. Ich selbst versuche das Fenster unserer kleinen Küche zu schließen. Ein starker Windstoß reißt mich, an den beiden Fensterhaken hängend, halb ins Freie. Die Mutter ringt mit Sturm und Gegenzug, der durch das Haus braust. Umgeben vom Tosen des Sturms, der mächtig an den Fenstern rüttelt, sitzen alle Familienangehörigen um den Tisch. Die schwarze Wetterkerze brennt.

Das gleiche Bild einer verzweifelt ängstlichen Familie findet man am Freitag, 11. März 1938 abends nach der Radioansprache des österreichischen Bundeskanzlers Dr. Kurt Schuschnigg: Österreich weicht der Gewalt.

Das Studentlein

Wiggerl Pasch darf im September 1929 als Armenschüler das Bundesgymnasium Ried i. I. besuchen. Weder er noch Walter Feichtenschlager, ein Eisenbahnersohn, bekommen die Armut bei den Mitschülern je zu spüren. Reiche Eltern hat ja niemand. Unsere Aufgabe ist es eben, zu lernen und unsere Studentenzeit mit Freude und Frohsinn zu erfüllen, dies alles gemeinsam ohne Unterschied von Rang, Namen und politischer Einstellung der Eltern.

Neu ist für alle Latein. Da kommt er nun herein, groß, hager, ein Gehabe wie ein römischer Feldherr - Professor Avancini. Stramm stehen wir auf und schmettern den Gruß: "Salve magister!" Hoheitsvoll, mit ausgestrecktem Arm, kommt die Antwort: "Salvete discipuli".

In Deutsch haben wir den Rieder Volkskundler Professor Ernst Burgstaller. Wir sind ausersehen, für seine Brauchtums-Gebäck-Forschung Unterlagen zu liefern. Rudolf Schoibl, ein

Bäckerssohn aus Mehrnbach, ist für diese Aufgabe besonders prädestiniert. Ein Band selbstverfasster Gedichte eines jeden Schülers wird angelegt, volkskundliche Abendstunden in einem gemütlichen Raum oberhalb des Schärdinger Tores werden gestaltet.

Professor Neuwirth unterrichtet Naturgeschichte. Als passionierter Jäger regen wir ihn oft an, uns vom „wahren" Jagdgeschehen zu erzählen. Besonders im Herbst. Ganz „zufällig" fällt von uns Schülern das Wort „Treibjagd". Mit herrlich menschlicher Reaktion werden wir bedankt. Die Unterrichtsstunde verfliegt im Nu.

Unterhalb des Zusammenflusses von Oberach und Breitsach findet eine Gruppe unserer Klasse Abkühlung im Riederbach. Das Wehr, ein kleiner Wasserfall zur Selbstreinigung des Baches errichtet, ist unser beliebter, kostenloser Badeplatz.

Längere Zeit beobachtet Neuwirth unser Treiben. Nun hören wir ihn rufen: „Meine Herren, ich wünsche euch eine gute Erholung. Oberhalb des Wehrs mündet der Abwasserkanal der Stadt. Guten Appetit!"

1) Tonkugerln von einer Entfernung in ein Grüabel (Grube) oder ganz nahe an eine Planke (Wand) werfen. 10 Tonkugerl = 1 Glaskugel beim Tausch für Sieger.
2) Moastesseln = ähnlich dem Kegelspiel wird versucht, handliche, zugespitzte Holzpflöcke aus dem Spiel zu bringen. Leiter der Bubengruppe ist der Moar.
3) Moapfeifferl = aus Weidenzweigen durch Beklopfen entrindetes Kinderpfeifferl
4) Bachwascheln = im Bach barfuß gehen
5) Kopp = Fisch mit dickem Kopf
6) Saubladern = Urinblase des Schweines

Gehasstes Land – Geliebtes Land

Menschlich, väterlich besorgt, erleben wir unsere Lehrkräfte. Wir selbst sind in dieser Zeit jugendhaft unbeschwert. Im Hintergrund freilich braut sich eine politische Katastrophe zusammen.

Die Arbeitslosenzahl wird immer größer. In diesem Umfeld der Angst lässt sich viel politischer Hass aufbauen, der zur Entladung drängt.

Sozialisten und freiheitlich gesinntes Bürgertum lehnen das „nicht lebensfähige" Österreich ab. Als nun am 30. Jänner 1933 Adolf Hitler auf demokratischem Weg die Macht im benachbarten Deutschland antritt, steht unser kleiner Reststaat der Monarchie im Zweifrontenkrieg. Nach Meinung sozialdemokratisch Gesinnter verwendet Otto Bauer mehr Energie zur Widerlegung Lenins als zur Abwehr des Nationalsozialismus. Adolf Hitler unternimmt alle wirtschaftlichen Repressionen, um das kleine Österreich gefügig zu machen. Holz wird nicht mehr von Österreich, sondern vom kommunistischen Russland, Butter nicht mehr von unserem Land, sondern von Dänemark gekauft.

Die „Tausendmark-Auslandssperre" gegen Österreich wird verhängt. Dies alles, um die Wirtschaftskraft Österreichs zu lähmen.

In dieser Notzeit beginnt sich ein zartes Pflänzchen emporzurecken. Besonders in uns jungen Menschen erwacht als Reaktion auf das brutale Umfeld der Glaube an ein lebensfähiges, christliches Österreich.

Es stimmt nicht, dass erst nach dem gemeinsamen Leid im KZ, nach dem Zusammenbruch Europas, der Gedanke an ein Miteinander in einem freien Österreich kommt.

Zwei Menschen, Österreicher mit Leib und Seele sind es, die unser junges Herz begeistern: Dollfuss und Starhemberg. Heute am Ende des Jahrtausends sind beide noch immer das Feindbild sozialistischer Politiker und Zeitgeschichtler.

Fürst Starhemberg

Junge Menschen sind es, die diesen Glauben an ein selbstständiges Österreich im Jänner 1934 dokumentieren:

Da ist nun der Armenschüler und Gymnasiast Wiggerl Pasch ausersehen, mit 5 Studenten aus anderen Bundesländern die Neujahrsgrüße Österreichs an die italienische Regierung zu übermitteln. Das Geschenk sind Reiterfiguren aus der Wiener Porzellanmanufaktur Augarten.

Zur Einkleidung der 6 Mitarbeiter der Jugendorganisation „Jung-Vaterland" treffen wir in Wien ein. Da sind wir Gäste österreichischer Minister. Ich selbst finde Quartier beim österreichischen Vizekanzler, Fürst Starhemberg.

Eine liebe Kammerzofe empfängt mich, zeigt mir mein Schlafgemach und lässt im Bad die Wanne mit köstlichem Nass volllaufen.

Erstmals erlebe ich die Wonne eines Badezimmers. Ich koste sie zur Neige aus. Ein besorgter Ruf, ob ich eingeschlafen sei, holt mich aus meiner Seligkeit.

Während die schlichte Zofe das Abendmahl bereitet, erzählt sie, dass der Fürst bei einer Regierungssitzung ist und seine Gattin Skiurlaub in Tirol macht. Am Esstisch stehen Sachen, die der Innviertler Bub nicht kennt. Ich lerne die Handhabung der verschiedenen Essbestecke in der richtigen Reihenfolge der Anwendung kennen. Kipferl, gefüllt mit Majonäse, sind mir zu geil. Die Butterringel verwechsle ich mit Käseflocken. Na ja, aus mir wird schon noch was. Ich werde in Rom meiner Heimat keine Schande machen.

Nun liege ich im Bett, nicht mit meiner schwarzen Clothhose, sondern angetan mit einem langen Nachthemd. Da schwirrt wohl so manches durch meinen kleinen Schädel. Die Märchensituation muss in klare Bahnen gebracht werden.

Es ist nach 23 Uhr. Ich höre Schritte und eine leise Frage, ob der „Rieder" angekommen sei. Mein Herzerl klopft voll Aufregung. Die Tür wird sanft aufgemacht. Vor mir steht er nun, ein Nachkomme des Helden in rauher Türkenzeit.

Zuerst meine ich, ich muss aus dem Bett springen und eine stramme Haltung annehmen. Dazu kommt es aber nicht. Schon sitzt der Fürst auf der Bettkante, heißt mich herzlich willkommen und lässt mich von Eltern, Heimat und Studium erzählen. Eine „Gute Nacht!" und der Wirklichkeit gewordene Traum scheint zu Ende zu sein.

Doch nach einiger Zeit höre ich den Fürsten nach seinem Hund rufen: „Fipsi". Wieder ein gedämpftes Rufen: „Fipsi". Nun öffnet sich nochmals die Tür zu meinem Schlafzimmer. Im Rahmen der Tür steht Starhemberg im langen Nachthemd. „Fipsi?" klingt es fragend. Unter meinem Bett höre ich ein kurzes Rascheln. Fipsi, ein kleiner weißer Terrier, wedelt seinem Herrchen entgegen. Ich weiß es nun: Der Fürst ist ein Mensch wie du und ich.

Nächsten Tag, es ist ein herrlicher, sonniger Wintertag, erfolgt die Einkleidung aller 6 „Gesandten Österreichs".

Anschließend ist Besprechung mit der Delegationsleitung: Graf Thurn-Valsassina und der Wiener Landesjugendführer Schranzhofer. Nun erfolgen das Einlernen der Begrüßungsworte und eine Besichtigungsfahrt durch Wien: Parlament, Rathaus, Burg, Dom. Vor der Abfahrt des Nachtzuges Wien - Rom ist noch gemeinsames Abendessen.

Da stehen wir nun auf dem nächtlichen Südbahnhof. Separatabteile in einem eigenen Waggon werden belegt. Wir machen es uns gemütlich. Gedanken und Vorstellungen fliegen hin und her. Ich kann sie nicht einordnen. Ist es Traum, ist es Wirklichkeit? Das gleichförmige Rattern der Eisenbahnräder lässt mich in Schlaf versinken.

Um 6 Uhr früh schreckt mich ein ungewohnter Lärm aus dem Schlaf. Was ist los? Wir stehen auf dem Bahnhof von Venedig. Mit südländischem Temperament werden Getränke und Zigaretten lautstark auf dem Perron angeboten. Uns steht eine abwechslungsreiche Reise bevor:

Wir erfahren, dass in unserem Waggon der bekannte Filmschauspieler Paul Muni[1] ein eigenes Abteil hat. Schon machen wir uns auf den Weg zu ihm. Er, das Filmidol turbulenter Gangsterfilme, wird von uns mit Fragen bestürmt. Wie erlebt man den Sprung aus dem 5. Stock? Mir selbst ist der Kopfsprung durch ein geschlossenes Fenster ein Rätsel. Die Glasscherben splittern nur so davon. Lächelnd klärt mich Paul Muni auf. Das Fensterglas ist kristallisierter Zucker.

Rom bei Nacht

Auch andere berühmte Fahrgäste befinden sich im Waggon, der ab der italienischen Grenze von Geheimpolizisten bewacht ist. Es sind zwei französische Kardinäle, die vom Heiligen Vater in Rom empfangen werden. Und da sitzt nun neben ihnen ein kleiner Ministrant aus Ried, erzählt vom Anlass seiner Reise, seiner Kirche und seinen Seelsorgern. Ja, und o Wunder! Ich werde von ihnen eingeladen, in den nächsten Tagen bei ihrem Gottesdienst in Rom zu ministrieren. Es kommt wirklich dazu. Der kleine Österreicher ist Ministrant beim Gottesdienst eines französischen Kardinals in den Katakomben zu Rom. Was ich dabei erlebe: Es ist die weltumspannende römisch

katholische Kirche, dies nicht in deutscher, nicht in französischer, nicht in italienischer Sprache, nein, in der Sprache, die ich seit einigen Jahren zu beherrschen versuche, in Latein!

Fast 24 Stunden sind wir unterwegs. Im nächtlichen Rom begrüßen uns Vertreter der italienischen Jugendbewegung, geführt von Professor Gerari. In Autos geht es zum Hotel „Imperial". Jeder „Gesandte Österreichs", Knirpse von 15 Jahren, bezieht ein Appartement. Wir richten uns, frisch gewaschen und gekämmt, zum Empfangsessen im Speisesaal.

Es erwartet uns eine hochfestliche Tafel im Kerzenschein. Hinter jedem Gast

steht ein livrierter Diener. Ist es Wirklichkeit? Vorsichtig blicke ich umher, um ja keinen Fehler zu machen. Einiges habe ich ja schon am Mittagstisch des Fürsten in Wien gelernt.

Wenn da nicht noch vor mir eine Kristallschale mit funkelndem Wasser stände. Von der langen Reise habe ich Durst, eine unendlich ausgetrocknete Kehle. Mit „elegantem" Innviertlergriff erfasse ich dieses Wassergefäß und will mich daran laben. Doch halt! Was ist los? Lächelnd wird mir bedeutet, dass dieses Wasser in der Schale zum Waschen des Obstes bereitgestellt ist. Na, mein liebes Bürschchen, das war knapp, aber es ist doch noch gut gegangen.

In meinen zarten Bubenknochen spüre ich die ganze Nacht durch im Bett noch immer das Rütteln und Schütteln des Zuges.

Am nächsten Tag stehen uns zwei Limousinen zur Verfügung. Hautnah erleben wir römische Geschichte: Kolosseum, Katakomben, Freuden und Ängste vergangener Jahrhunderte, Vatikan, Engelsburg und die Vergänglichkeit von Macht und Ruhm, Forum Mussolini mit den aus weißem Carraramarmor gemeißelten Athleten der Antike. Hoffnung einer neuen Zeit?

Um 4 Uhr nachmittags sind wir bereit zum Empfang im Quirinal. Benito Mussolini, der Duce Italiens, geht uns bereits im Flur zum Empfangssalon entgegen. Dies wird später als besondere Geste der Freundschaft mit unserer Heimat in der Presse gewertet.

Die österreichische Delegation

Nun stehen wir da, ausgerichtet wie die Orgelpfeifen. Ich bin der Zweitkleinste und ausersehen, sollte unser Allerkleinster vor Aufregung bei den Begrüßungsworten stottern, sofort einzuspringen. Akkurat! Ich spreche ruhig weiter. Mussolini lächelt, nimmt das Geschenk Österreichs freudig entgegen und dankt in deutscher Sprache.

Zwei Sätze, bedeutsam für meine Heimat, bleiben mir in besonderer Erinnerung: „Starhemberg ist mein Freund", „Österreich kann auf mich rechnen". Schon im Juli des gleichen Jahres wird dieses Versprechen eingelöst.

Uns zu Ehren erleben wir in der Regierungsloge der Opera „Figaros Hochzeit" von unserem Mozart. Mein Gott, bin ich hingerissen von diesem Erleb-

Benito Mussolini

nis. Augen und Ohren sind vom Geschehen auf der Opernbühne gefesselt. Meine unmittelbare Umgebung, der ganze Prunk, der uns umgibt, ist versunken.

Doch, was sehe ich bei einem Szenenwechsel? Zwei Wiener unserer Gruppe flirten mit hübschen Signorinas. In der Pause treffen sie sich zu einem flotten Stelldichein. Ja, gibt es denn sowas? Freilich, für Wiener ist der Besuch einer Oper nichts Neues. Tief beeindruckt von Musik, Darstellern und Dekoration ist aber der Rieder Student.

Empfänge gibt es noch beim österreichischen Botschafter Dr. Anton Rintelen, der in den kommenden Monaten mit ehrgeizigen Intrigen bei der Ermordung des Bundeskanzlers Dr. Dollfuss mitschuldig wird, und beim Botschafter im Vatikan, Dr. Rudolf Kohlruss. Bei diesem Besuch ist mir besonders die Besichtigung seines Glashauses in Erinnerung. Wir dürfen uns saftige Orangen vom Baum pflücken.

Die Fahrt an den Lido von Rom wird zu einer Wettfahrt. Beide Lenker der Limousinen werden von uns angeeifert, zu überholen. Dies braucht man aber einem italienischen Fahrer nicht zweimal sagen. Der Straßenverkehr im Jahre 1934 ist schon so laut, risikoreich und sicher oder unsicher, wie er dies am Ende des 2. Jahrtausends heute auch ist.

Am Lido stehen große, geflochtene Körbe voll mit frischen Austern. Wie schmeckt das unserem Innviertler? Halt grauslich. Lieber esse ich einen Erdäpfelkas.

Menschen hüben und drüben

Nicht einmal ein Monat ist seit meinen Erlebnissen in Rom vergangen, da gehen Menschen meiner engsten Heimat mit Gewehren aufeinander los und morden.

Max Vorauer, wie ich Student des Rieder Gymnasiums, gibt als Zeitzeuge zu den unmenschlichen Ereignissen im Februar 1934 (Zeitdokumentation, Herausgeber „Die Gruppe" ÖGB Ried) an:

„Die Schutzbundgruppe Ried wurde mobilisiert, die Leitung traf sich in der Wohnung des Schutzbündlers Berger in Kalteneck in einem kleinen Holzhaus im ersten Stock. Da mein Vater Schutzbundführer in Eberschwang und Betriebsrat im Wolfsegg-Traunthaler Kohlenrevier war, wurde ich zur Lagebesprechung zugezogen und beauftragt, in der Nacht Verbindung mit dem Kohlenrevier herzustellen. Ich zog etwa um 6 Uhr abends zu Fuß von Ried los in die Werkskolonie Gittmeiern in Eberschwang und auf dem selben Weg wieder zurück nach Ried. Ankunft um 3 Uhr früh. Die meiste Zeit ging ich im tiefen Schnee neben der Landstraße und neben der Bahn entlang, um nicht verhaftet zu werden. Die Nachricht, die ich überbrachte, war: abwarten auf weitere Weisungen. Am nächsten Tag nach der Schule las ich in den ausgehängten Nachrichten des Pressvereines, daß mein Vater sich unter den Gefallenen Schutzbündlern befindet.

In den Kämpfen in und um Holzleithen fielen 10 Schutzbündler. Auf Seiten der Exekutive gab es fünf Tote. Die drei toten Schutzbündler auf der Innviertler Seite liegen in einem gemeinsamen Grab im Friedhof Eberschwang. Sie unter die Erde zu bringen war gar nicht so einfach, da sich der damalige Ortspfarrer zuerst weigerte, sie im Friedhof bestatten zu lassen."

Wie kann es unter Menschen zu solch einer Tragödie kommen? Kann Angst allein aus Menschen, die sich kennen, die miteinander leben, Brutalität herausschleudern? Solche Emotionen werden in unserer Familie von den Eltern nie vorgeführt. Da sitzen im kleinen Rasiererraum meines Vaters Menschen verschiedener politischer Ansichten gegenüber, unterhalten sich, lachen miteinander, wenn Vater humorvoll erzählt und sein geflügeltes Wort: „Schen frisch!" ausruft.

In diesen denkwürdigen Februartagen des Jahres 1934 treffen aber Angst und gegenseitig aufgestauter Hass aufeinander. Die einen haben nur mehr den markigen Ausruf von Vizekanzler Major Fey im Ohr: „Morgen wird die Heimwehr an die Arbeit gehen und ganze Arbeit leisten." Die anderen hören nur Otto Bauer in seinem Schlussreferat am Linzer Sozialdemokratischen Parteitag: „Nur, wenn die Bourgeoisie uns zwingt, nur, wenn sie dem Proletariat keine andere Wahl lässt, wird die Arbeiterklasse den Widerstand der Bourgeoisie mit den Mitteln der Diktatur niederbrechen."

Erstere nehmen nicht mit dem Rücktritt des Bundeskanzlers Dr. Seipel die Aufforderung an, vorzutreten und in der Regierung wie einst 1918 mit an die Arbeit zu gehen. Sie hören nicht Dr. Renner, den Anwalt der Vernunft in den Reihen der Sozialdemokratie, der zur Umkehr auf dem Wege zur Revolution mahnt. Beide Seiten hören nicht den Appell des christlichsozialen Wiener Gemeinderates, Leopold Kunschak, an Christlichsoziale und Sozialdemokraten „gegen die Entartung des deutschen Geistes und des Nationalsozialismus zu kämpfen, ehe Volk und Land an Gräbern stehen und weinen."

Resignierend meint Anton Benya als Präsident des österreichischen Gewerkschaftsbundes im Jänner 1984: „Der Appell kam zu spät!" Dieser ruhige, besonnene Gewerkschafter bringt es nach 50 Jahren in seinen Erinnerungen an den 12. Februar 1934 (herausgegeben an alle Schulen als Erlass des Bundesministeriums für Unterricht und Kunst) nicht über sich, ein „mea culpa" von Seiten der Sozialdemokratie zu sprechen, wie es dies in derselben Broschüre Dr. Alfred Maleta als Präsident des Nationalrates a. D. für die bürgerliche Seite ausspricht.

Auch Dr. Max Vorauer, ein von den Ereignissen zutiefst Betroffener, meint in der Zeitdokumentation 1988: „Es gab einen einzigen Politiker in Österreich, es war der gewesene Landeshauptmann Gleißner, der nach 1945 in Steyr öffentlich Abbitte geleistet hat." Doch auf den Wahlplakaten der SPÖ nach dem Krieg wird Dr. Gleißner auf einem Galgen als Arbeitermörder angeprangert. Für die katholische Kirche unter ihrem großen und klugen Kardinal und Erzbischof Dr. König wird das Fehlverhalten der Kirche in der 1. Republik einbekannt.

Ich selbst, Wiggerl Pasch, Vater der Innviertler Schulspatzen, warte wie viele seit über einem halben Jahrhundert auf ein sozialdemokratisches Wort des Leides, des Mitfühlens mit der anderen Seite der österreichischen Tragödie.

Der Philosoph und Politologe, Norbert Leser, Sozialist aus Familientradition, Überzeugung und Emotion, schreibt in seinem Werk „Genius Austriacus" Seite 80 unter Punkt 9 über den Austromarxismus:

„Die Diskussion über den Schuldanteil der Führung der alten Partei am Zusammenbruch wurde von der illegalen Partei und von der Partei nach 1945, die an das Erbe der alten Partei anknüpfte, aus verschiedenen Gründen nicht zu Ende geführt."

Dr. Harry Slapnicka schreibt in seinem Beitrag 4 zur Zeitgeschichte Oberösterreichs (OLV Linz 1977):

„Inmitten der sich auflösenden Demokratie bildet der Bürgerkrieg am 12. und 13. Februar 1934 den tragischen Tiefpunkt. Die Kämpfe, die im Zusammenhang mit einer Hausdurchsuchung in der sozialdemokratischen Parteizentrale in Linz ihren Ausgang nahmen und an denen neben der Polizei bald Einheiten des Bundesheeres und der Heimwehr teilnahmen, erfaßten bald den ganzen Großraum von Linz, wobei der Raum um Sender / Jägermayrhof, die Eisenbahnbrücke und das Gebiet um das Gasthaus ‚Eiserne Hand' / Städtischer Wirtschaftshof Schwerpunkte bildeten. In Oberösterreich kam es zu weiteren schweren Kämpfen in Steyr und im Kohlenrevier."

Es wird Nacht

Im April 1934 erklingt vom Schriftsteller Herman Broch ein erschütterndes Requiem, dem Untergang der Sprache von Mensch zu Mensch gewidmet:

„Eine eigentümliche Verachtung des Wortes, ja beinahe ein Ekel vor dem Wort, hat sich der Menschheit bemächtigt. Die schöne Zuversicht, daß Menschen einander durch das Wort, durch Wort und Sprache überzeugen könnten, ist radikal verlorengegangen; parlare hat einen schlechten Sinn erhalten, die Parlamente gehen an ihrer eigenen Abscheu vor ihrer parlierenden Tätigkeit zugrunde... Schwer lastet die Stummheit auf der Welt, die der Sprache und des Geistes verlustig geworden ist, weil sie sich zur Macht bekennen mußte, zur Macht und zum Mord, ohne dem es keine Macht gibt. Zwischen Mensch und Mensch, zwischen Menschengruppen und Menschengruppen herrscht die Stummheit, und es ist die Stummheit des Mordes..."

Eine nationalsozialistische Terrorwelle von unglaublicher Rohheit und Grausamkeit, Verlogenheit und Raffiniertheit rollt durch unser Land. Schienen, Brücken, Strom- und Telefonmasten werden gesprengt. Ein heimtückisch gelegter Böller kostet einem Jungen in der Roseggerstraße das Auge.

Theo Habicht, bis zum Verbot der NSDAP in Österreich Landesinspektor für unsere Heimat, ist nun Terroristenführer und Organisator von Sprengstoffanschlägen. Nach Bayern geflüchtete, verhetzte, belogene und betrogene Anhänger werden zu einer „Österreichischen Legion" zusammengefasst. Diese Legionäre, bei uns werden sie „Bluthunde" genannt, sollen zur gegebenen Zeit in Österreich reinen Tisch machen. So schreit und droht man täglich über den Rundfunk. Es beginnt die „Habichthetze".

Mit drohenden Aufmärschen grollender Massen sollen Angst, Furcht und Schrecken die Menschen der Heimat gefügig machen. Für mich jungen Österreicher ist es eigentlich selbstverständlich, dass in unserer Familie gegen diese Missachtung schlichter Menschlichkeit nicht Angst, sondern großer Ekel heranwächst.

Ein jugendlich begeistertes Bekennen zur Heimat, zu Österreich, zum lebendigen Glauben trägt mich fort. Dieses Eintreten vor aller Öffentlichkeit, in der Kirche genauso wie bei Kundgebungen, zeigen meinen Willen, immer für Schwächere, Bedrängte, Bedrohte einzutreten. Dieses Tun wird ja in unserer Familie nicht nur gefordert, sondern auch gelebt.

Im Juli 1934 wird nun nationalsozialistische Taktik zur „Heimholung ins Reich" geprobt. Hiezu werden, wie fünf Jahre später in Polen, SS-Männer der Standarte 89 in österreichischer Militäruniform losgeschickt.

Der 25. Juli 1934 ist ein herrlicher, sonniger Ferientag. Wir Kinder richten uns zum Baden in Angerwaschen. Eine Schreckensmeldung aus dem Radio

Zum christlichen Andenken im Gebete
an Herrn

Dr. Engelbert Dollfuß

Bundeskanzler von Oesterreich

welcher am 25. Juli 1934, zirka 15.45 Uhr, als Opfer treuester Pflichterfüllung und unermüdlichen Dienstes fürs Vaterland einem ruchlosen Mordanschlag im 42. Lebensjahre erlegen ist.

„Ein echter Jünger, ein wahrer Nachfolger Christi, der am Kreuze auch verlassen starb. Sein Glaube war der Quellborn seiner echten Herzensgüte, seines vornehmen Seelenadels. Er war der Quellborn, aus dem seine heiße Liebe zur Heimat und sein heroischer Opfergeist quoll." Kardinal Dr. Innitzer.

Preßvereinsdruckerei Ried i. Innkr. 126:E—34

versammelt die ganze Familie um ein kleines Rundfunkgerät: Das Bundeskanzleramt in Wien besetzt! Die Heimat in der Hand von Terroristen! Unser Bundeskanzler Dr. Engelbert Dollfuß ermordet! Er verblutet ohne Arzthilfe und Beistand eines Priesters.

Tränen, Trauer und Ekel erfassen uns. Die Maske des „besorgten" Deutschen Reiches fällt. Der einzige Regierungschef Europas verblutet im Kampf gegen Hitler auf seinem Posten. Während der Kanzler Österreichs tot auf einem

Sofa liegt, führt der Gesandte des Deutschen Reiches im Raum daneben Verhandlungen mit den SS-Männern wegen eines freien Geleites nach Deutschland. Mit Ausnahme des „faschistischen" Italiens, seine Soldaten stehen schützend am Brenner, herrscht Ruhe in den hochgepriesenen demokratischen Ländern Europas. Hitler ist ja für sie in dieser Zeit ein beliebter Ansprechpartner.

Noch feiger und lebensfremder sieht der „Zeitgeschichtler" Gerhard Jagschitz den fünfjährigen Abwehrkampf der Österreicher gegen Hitler. In seinem Buch „Der Putsch" liest man erstaunt und empört auf Seite 190:

„Wie in primitiven Kulturen spielt auch noch in hochentwickelten, technisierten Zivilisationen der Mythos eine Rolle …

Der Dollfußmythos, verstärkt durch die von ihm selbst geweckten Emotionen und das gefühlsmäßige Element, entfaltet seine Wirksamkeit nach außen und innen. Dollfuß wurde zum Märtyrer der ‚österreichischen Idee' stilisiert …"

Jetzt wissen es unsere Nachkommen: Österreichs Kultur ist nur ein Mythos, eine Idee. Dollfuß ist nicht ermordet, nur stilisiert.

Noch am Ende unseres Jahrtausends werden Österreichs Patrioten zu Geistern des Bösen stilisiert. Nationaler und internationaler Sozialismus speien menschenverachtende Saat.

33

Reif fürs Leben?

Eigenartig! Um uns bitterer Ernst im Machtrausch einer Neugestaltung Europas. Das hasserfüllte Friedensdiktat der Westmächte im Jahre 1919 drängt zur teuflischen Explosion. Wir unbekümmerten, frohen Studentlein rüsten uns aber für die Zielgerade:

Matura - Reife - Rüstzeug fürs Leben?

Da sitzen wir, es sind 52 Schüler in der Maturaklasse, in den alten Schulbänken des vergangenen Jahrhunderts, bekritzelt, verziert mit Namen so mancher holden Maid, bestückt mit dem Tintenfass, ausgetrocknet oder randvoll. Die feste Sitzordnung erfordert ein enges Zusammenrücken. Dies ist ja gut für kameradschaftliche, wärmende Nähe, für Frohsinn und soziale Hilfe bei schriftlichen und mündlichen Prüfungen. Gehässig nennt man dieses Tun nur „Abschreiben" oder „Einsagen". Dieses Einsagen hat natürlich auch seine Tücken bei Höhrfehlern. Da sitzt im Lateinunterricht die Königin „Tristitia" voll Trauer in der Asche. Nach einem Stocken übersetzt die gute Karla, nach Anlauf und Errötung: „Tristitia sitzt voll Trauer in - auf - in - auf - dem Arsche".

Leihbücher vom Studentenunterstützungsverein sind in Packpapier gewickelt, lose zerrissene Seiten notdürftig eingeklebt. Bücher sind wertvoll, sind teuer.

In der großen „Zehnuhrpause", vom Schulwart mittels einer großen Glocke eingeläutet, drängt man sich zur Wohnungstür des Schulwartes Karl Kronberger. Die Türfüllung ist als Jausenstanderl eingerichtet. Da gibt es Milch, Semmerl, ja sogar heiße Frankfurter für besser bemittelte Schüler, die von auswärts kommen.

Ein Studentenchor unter Direktor Josef Ransmayr und das Studentenorchester unter Adolf Matulik künden von unseren Künsten bei Elternabenden und beim sonntäglichen Gottesdienst in der Kapuzinerkirche.

Mit seinem absoluten Gehör ist Professor Forster bei der instrumentalen Probenarbeit von uns gefürchtet. Wir verkriechen uns in eine ganz entlegene Ecke. Sein empörter Ruf erschreckt uns aber, wenn wir Vorzeichen der zu spielenden Noten übersehen: „Fis, meine Herren, Fis!" Zugleich wird aber „Forster Hans" von der ganzen Klasse geliebt. Nicht selten sitzt im Hotel Gärner ein Häuflein Studenten um ihn herum und löst Mathematikaufgaben, während er erklärend seine Tasse Kaffee schlürft.

Unsere Professoren sind väterliche Freunde, die helfen wollen. Verschiedene Temperamente, verschiedene Weltanschauungen führen uns durch die Zeit des nahenden Abgrundes. Unser Maturaumzug ist eingebunden in die staatspolitische Tragödie des Abessinien-Krieges. Zur Begeisterung der Bevölkerung zelebrieren wir den „Negus-Umzug".

Hotelbesitzer Gärner lädt die Teilnehmer dieses Maturaumzuges in sein Hotel zu einem kleinen Gulasch und einem Seidel Bier ein.

In völliger Ahnungslosigkeit, aber voll Freude und Hoffnung auf ein Leben in Freiheit, wird die Maturazeitung „verbrochen".

Ihr Ausklang:

„Werden wir mit Frohsinnsgeistern
fürder unser Leben meistern,
Humanist nimm eins nur vor:
im Leben stets noch mehr Humor".

---

[1] Paul Muni, eigentlich Muni Weisenfreund, amerikanischer Schauspieler, geb. 22. 8. 1897 in Lemberg, gest. 28. 8. 1967 in Hollywood. 1932 erhielt er von Warner Bros zwei Aufgaben in ausgezeichneten Gangsterfilmen, die ihn zu einem der populärsten Akteure diese Genres werden ließen. Für die Titelrolle in William Dieterles „The Story of Louis Pasteur" erhielt er den Oscar.

PROFESSOREN vordere Reihe sitzend: (2. von links bis drittletzter) SCHREIBER Engelbert (Turnen) – Dr. MÜLLER Josef (Religion) – MAY Heinrich (Philosophie) – RAUSCH Karl (Griechisch) – BAUBÖCK Max (Deutsch, Geschichte, Geographie) – ANZENGRUBER Matthäus (Direktor) – FORSTER Johann (Mathematik) – Dr. OBERBEIRSTEINER Hans (Physik) – Dr. WALLISCH Rudolf (Naturgeschichte) – Dr. FESSL Lambert (Latein)

VIII. Klasse (52 Schüler)

Bankhammer Karl*	Hölzl Rupert*	Mayrhofer Friedrich	Sailer Kurt
Berger Artur	Huber Ludwig*	Neureiter Franz*	Sandmaier Wilhelm*
Berger Rupert	Huber Rudolf*	Obernhofer Johann	Schneeberger Rudolf
Bittner Otto*	Kirchtag Anton	Ornezeder Margarete	Schneiderbauer Ernst
Feichtenschlager Walter	Kissinger Erwin	Pasch Ludwig	Schoibl Rudolf*
Fischer Alois	Kneißl Anton	Perndl Stefan	Schönbauer Max*
Frank Berta	Kollarz Hugo	Pfeil Josef	Trombik Otto*
Fuchs Ignaz	Kollarz Robert	Picker Karl	Trumer Anton*
Gröger Siegfried	Koller Walter	Praschl Emmerich	Veitschegger Erna
Gruber Johann	König Waldemar	Pribitzer Ferdinand	Voschicky Johann
Hatzmann Georg*	Lumerding Heinrich	Rauchenzauner Johann*	Wagner Karoline
Höglinger Rudolf	May Heinrich*	Reim Luitgard	Witzmann Alois*
Hölzl Gottfried	Mayer Grete	Roitinger Karl	Zandanell Ernst

*14 Opfer des Krieges

Themen für die schriftlichen Reifeprüfungen im Sommertermin 1937

10–14. Mai 1937

Deutsch (Prof. Bauböck):

1. Der Sinn erweitert, aber lähmt; die Tat belebt, aber beschränkt (Goethe, Wilhelm Meisters Lehrjahre).

2. Der Völkerbundgedanke in Geschichte und Gegenwart

3. Die Wahrhaftigkeit als Lebensfrage in der dramatischen Dichtung.

Latein (Prof. Dr. Feßl):

Salus patriae suprema lex esto. (Cicero de officiis I 83 - 85.)

Griechisch (Prof. Karl Rausch):

Lukian: Charon Kap. 17. (Was ist der Mensch?)

Mathematik (Prof. Forster):

1. Löse die Gleichungen:
$$x\,y = 1000$$
$$x \log y = 100$$

2. Parallel zu den Assymptoten der Hyperbel $9x^2 - 16y^2 = 144$ sollen Tangenten an jene Parabel gelegt werden, deren Scheitel im Ursprung ist und deren Brennpunkt mit dem rechten Brennpunkt der Hyperbel zusammenfällt. Wie lauten die Gleichungen der Tangenten und wie die Koordinaten der Berührungspunkte?

3. Von einem geraden Kegel ist die Höhe H und der Öffnungswinkel an der Spitze gegeben. Man berechne den Rauminhalt jenes Kugelsektors, zu dem der gegebene Kegel gehört! (H = 17,4 cm

$$\alpha = 57° \ 37' \ 12'').$$

4. Gegeben ist die Ellipse $16x^2 + 25y^2 = 400$, die durch die Geraden $x = 1$ und $x = 3$ geschnitten wird. Berechne das Volumen desjenigen Körpers, der durch die Drehung dieses Kurvenstückes um die x-Achse entsteht.

Mündliche Maturaprüfung:
31. Mai – 3. Juni 1937

Gott schütze Österreich

Dramatischer können wohl die Stunden der Verlassenheit, des Verratenseins, der Heuchelei und Angst in den Iden des März 1938 nicht aufgezeigt werden.

Es ist Freitag, 11. März 1938. Die ganze Familie sitzt verzweifelt um den kleinen Küchentisch. Wie beim zerstörenden Sturm über Ried am 4. Juli 1929 brennt die schwarze Wetterkerze. Um 19.45 Uhr dringt die Todesnachricht Österreichs aus unserem kleinen Radio. „Wir weichen der Gewalt. Gott schütze Österreich!"

Noch einmal erklingt nach den Abschiedsworten des österreichischen Bundeskanzlers Dr. Kurt Schuschnigg das herrliche „Kaiserquartett" von Josef Haydn. Dieser spielt es, schon todkrank, während der Beschießung Wiens durch Napoleons Truppen.

Tränen, Gebete, Stille. In das angstvolle Schweigen tönt die väterliche Stimme: „Unrecht Gut gedeiht nicht!"

Diese Gewissheit am Abend des 13. März 1938, inmitten von Terror, Mord und Heilrufen, findet nach 7 Jahren, im Mai 1945, ihre Bestätigung.

Wo steckt aber in diesen Tagen der Glaube an Österreich in der feierlichen Erklärung der österreichischen Bischöfe, wo die politische Weisheit des Sozialdemokraten Karl Renner in seinem

---

Feierliche Erklärung !

Aus innerster Überzeugung und mit freiem Willen erklären wir unterzeichneten Bischöfe der österreichischen Kirchenprovinz anlässlich der grossen geschichtlichen Geschehnisse in Deutsch-Österreich:

Wir erkennen freudig an, dass die nationalsozialistische Bewegung auf dem Gebiet des völkischen und wirtschaftlichen Aufbaues sowie der Sozial-Politik für das Deutsche Reich und Volk und namentlich für die ärmsten Schichten des Volkes Hervorragendes geleistet hat und leistet. Wir sind auch der Überzeugung, dass durch das Wirken der nationalsozialistischen Bewegung die Gefahr des alles zerstörenden gottlosen Bolschewismus abgewehrt wurde.

Die Bischöfe begleiten dieses Wirken für die Zukunft mit ihren besten Segenswünschen und werden auch die Gläubigen in diesem Sinne ermahnen.

Am Tage der Volksabstimmung ist es für uns Bischöfe selbstverständliche nationale Pflicht, uns als Deutsche zum Deutschen Reich zu bekennen, und wir erwarten auch von allen gläubigen Christen, dass sie wissen, was sie ihrem Volke schuldig sind.

Wien, am 18. März 1938.

Aufruf zur Wiedervereinigung? Unter Kardinal Innitzer läuten die Kirchenglocken beim Einzug Hitlers 1938 und beim Einzug Stalins 1945. Karl Renner wird in „Politischer Einsicht" 1918 und 1945 von der österreichischen Vollversammlung zum Bundespräsidenten Österreichs gewählt.

In den Tagen und Wochen des März 1938 werden die gesamte Führung des Staates, alle Institutionen und Verbände verjagt, gedemütigt, gefoltert, ermordet. Eiskalte Planung lässt keine Stadt, keinen Markt, kein Dorf, keinen Weiler bei der „Säuberung" aus. Schon in der Nacht auf Samstag, 12. März, stehen uniformierte SS-ler mit aufgepflanzten Bajonetten vor den Türen von Funktionären der Vaterländischen Front.

Am Samstag, 12. März 1938, gehe ich wohl mit einem mulmigen Gefühl in „meine" Kanzlei.

Nach der Matura finde ich eine Anstellung als Kanzleikraft im österreichischen Gewerbebund, Bezirksgewerbestelle Ried. Beide, Obmann Rudolf Freyer und Sekretär Herbert Dachauer, werden schon in der Nacht verhaftet. Hysterische „Heil Hitler"-Rufe sind auf meinem Weg in das Gewerbehaus am Hauptplatz zu hören. Was erwartet mich in der Kanzlei?

Die gute Frau Pflanzl macht mit Besen und Wischtuch die zwei kleinen Büroräume sauber und begrüßt mich mit einem herzlichen „Guten Morgen!" Am liebsten wäre ich dieser einfachen,

Ein ganzes Land, meine Heimat, hilflos, Freiwild

Karl Renner zur Wiedervereinigungsfrage am 3. April 1938:

„Ich habe als erster Kanzler Deutsch-Österreichs am 12. November 1918 in der Nationalversammlung den Antrag gestellt und zur nahezu einstimmigen Annahme gebracht: ‚Deutsch-Österreich ist ein Bestandteil der Deutschen Republik'. Ich habe als Präsident der Friedensdelegation zu St. Germain durch viele Monate um den Anschluß gerungen – die Not im Lande, die feindliche Besatzung der Grenzen haben die Nationalversammlung und so auch mich genötigt, die Demütigung des Friedensvertrages und dem bedingten Anschlußverbot uns zu unterwerfen. Trotzdem habe ich seit 1919 in zahllosen Schriften und ungezählten Versammlungen im Lande und im Reiche den Kampf um den Anschluß weitergeführt. Obschon nicht mit jenen Methoden, zu denen ich mich bekenne, errungen, ist der Anschluß nunmehr doch vollzogen, ist geschichtliche Tatsache, und diese betrachte ich als wahrhafte Genugtuung für die Demütigungen von 1918 und 1919, für St. Germain und Versailles. Ich müßte meine ganze Vergangenheit als theoretischer Vorkämpfer des Selbstbestimmungsrechtes der Nationen wie als deutsch-österreichischer Staatsmann verleugnen, wenn ich die große geschichtliche Tat des Wiederzusammenschlusses der Deutschen Nation nicht mit freudigem Herzen begrüßte."

Im April 1938 wurde in der NS-Presse ein Steckbrief gegen Habsburg veröffentlicht: Gesucht wegen Hochverrats, weil er eine Erklärung gegen den „Anschluß" abgegeben hatte.

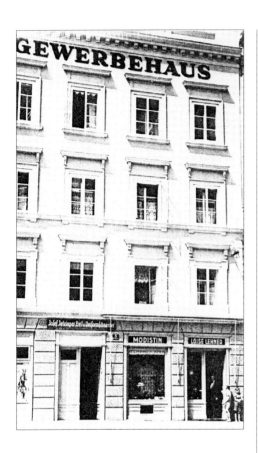

ehrlichen Frau um den Hals gefallen. Hunderttausende Menschen von der Art dieser Frau und meines Vaters, ihre Lebensführung, ihr Lebensstil, ihre Lebensweisheit werden den Sturm über das Land überdauern.

Um 9 Uhr wird mit einem beißenden „Heil Hitler!" die Tür aufgestoßen. Vor mir stehen der neue Obmann des Gewerbebundes und der künftige Sekretär.

„Was machen Sie noch hier!" Meine schlichte Antwort: „Ich arbeite am Übergabeprotokoll, das um 11 Uhr zur Unterschrift fertiggestellt ist!"

Schreckensmeldungen von Tod und Mord, von Verhaftung und Abtransport werden übertüncht von einer angeblichen Freudenbotschaft: „Mussolini gibt Hitler als Morgengabe unser Südtirol!" Lügen, Verleumdungen, Hetzschriften, Zeitungsmeldungen: Alles gut organisiert, getarnt und zackig durchgeführt. Nun sind ja „Herrenmenschen" an der Macht.

Es ist Samstag, 12. März 1938, nachmittags. Viele Menschen aus der Umgebung strömen in die Stadt: Wirklich Begeisterte, die sich ein nationalsozialistisches Paradies erwarten, Neugierige und Ängstliche. Warum ich das erwähne? Als Vater erfährt, dass ein lieber Kunde seines Friseurgeschäftes auch bei den Heilrufern an der „Café-Sigl-Ecke" (Ecke Rainerstraße-Bahnhofstraße) bei der Durchfahrt Hitlers lautstark mittut, stellt er ihn zur Rede. „Warum Sie?" Angst, Angst, man ist ja Beamter.

Nun ist es aber so weit: Am Montag, 14. März 1938, fährt in den Mittagsstunden ein offenes Überfallauto der bayrischen Staatspolizei vor. Uniformierte stürmen die Stufen in den ersten Stock hinauf, betreten mit einem lautstarken „Heil Hitler" den kleinen Friseurraum, in dem wir alle gerade sitzen. Vor uns stehen zwei Rieder Juristen, der eine sachlich, der andere gehässig.

Begleitet werden sie von zwei Polizisten. „Sie sind verhaftet! Kommen Sie sofort mit!" Da ich nicht hemdsärmelig mitgehen will, sucht Mutter voll Aufregung meinen Rock, den sie lange nicht

finden kann. Die Männer werden ungeduldig. Endlich ist es so weit. Auf der Straße wartet ein Spalier von „Heil Hitler" rufenden Frauen, die mich von oben bis unten bespucken. Die Fahrt geht nun zum Haus der Färberei Leitgeb am Eck Braunauer Straße - Kalteneck. Dr. Walter Ortner von der Bezirkshauptmannschaft wird zugeladen. Nun sollen die Rieder aber sehen, dass selbst österreichische Jugendführer das Recht auf Freiheit verwirkt haben. Die Fahrt führt also über den Hauptplatz zum Kreisgerichtsgefängnis in der Bahnhofsstraße.

Unerträglich werden da die „wissenschaftlichen" Abhandlungen, die ein halbes Jahrhundert später Zeitgeschichtler verbrechen:

• *Ein demokratisches Österreich hätte eher Hilfe erwarten können.*

Die Demokratie Tschechoslowakei mit einem bis auf die Zähne bewaffneten Heer wird von den großen Demokratien des Westens verraten, verkauft. Nur ein halbes Jahr nach dem Einmarsch in Österreich beginnt die Annexion des Sudetenlandes. Die Demokratien des Westens rufen gemeinsam mit dem nationalsozialistischen Deutschland den „Tausendjährigen Frieden" aus. Nach dem Münchner Abkommen am 30. September 1938 mit dem Deutschen Reich werden die Demokraten Chamberleins und Daladier in ihren Hauptstädten triumphal empfangen. Diese jolende, getäuschte Menschenmenge auf den Straßen und Plätzen von Paris und London, hier nicht von Terror und Angst organisiert, bekomme ich in unseren Gedenkjahren nie im Fernsehen vorgeführt.

Das auf eigene Selbstständigkeit bedachte Nachbarland Schweiz bezeichnet den „Anschluss" Österreichs als größtes weltgeschichtliches Ereignis seit dem Weltkrieg und drückt Bewunderung über Art und Weise der Durchführung des Anschlusses durch den Führer aus.

• *Ein Schuss an der Grenze hätte die Glaubhaftigkeit österreichischer Widerstandskraft als Signal für Hilfe bedeutet. Die politische Widerstandskraft der österreichischen Demokratie war lange vor dem Anschluss schon schwer angeschlagen (schreibt die Gewerkschaftszeitung „Solidarität" anlässlich des Gedenkjahres 1988).*

Man will es einfach nicht zur Kenntnis nehmen, dass Österreich im Zweifrontenkrieg gegen den nationalen und internationalen Sozialismus 5 Jahre lang unter schwersten Opfern Hitlerdeutschland Widerstand leistet und mehr Todesopfer um ein freies Österreich bringt als Dänemark im Kampf gegen deutsche Truppen.

Man will es immer noch nicht zur Kenntnis nehmen, dass der österreichische Bundeskanzler Dr. Dollfuß als einziger Staatsmann Europas auf seinem Posten verbluten muss, während der Botschafter des Deutschen Reiches Verhandlungen um freies Geleit für Mörder führt.

Man verschweigt, dass die austromarxistischen Anführer der Februarrevolte 1934 bei Nacht und Nebel die verwirrte Arbeiterschaft durch Flucht im Stiche lassen und in den Jahren des Exils ein verzerrtes Bild von der Situation unseres Landes zeichnen. Aus dem Exilland Tschechoslowakei wird der Ruf laut: „Lieber Hitler als Habsburg."

Die Volksabstimmung

„Sind Sie für ein freies und deutsches, unabhängiges und soziales, für ein christliches und einiges Österreich?"

Es ist Mittwoch, 9. März 1938. In seiner Heimat Tirol quillen aus dem Mund des Kanzlers Dr. Kurt Schuschnigg mit mitreißenden Worten Leidenschaft, echte österreichische Gesinnung: „Tiroler und Österreicher, sagt ja zu Tirol, sagt ja zu Österreich!"

Österreich und die Welt werden in Kenntnis gesetzt, dass am kommenden Sonntag, 13. März 1938, dieses „Ja" zu Österreich bei der Volksabstimmung hörbar gemacht wird.

Wütende Drohungen aus Berlin. Diese Abstimmung muss verhindert werden. Der längst geplante Einmarsch wird vorverlegt. 2 Tage vor dem Abstimmungstermin stehen Hitlers Truppen in Österreich. Ein erhoffter siebzigprozentiger Sieg Österreichs wird mit Terror, Blut, Tränen, Angst und Verhaftungen zertrampelt.

Die englische Wochenzeitung „Observer" schreibt: „Man soll sich über dieses kleine Österreich in England nicht den Kopf zerbrechen. Der Anschluss und das Verhalten beider Staaten überhaupt ist eine reine deutsche Familienangelegenheit."

Der englische Außenminister Anthony Eden meint nur: „Österreich, das sind fünf Habsburger und 100 Juden."

Nun ist das Land in Schrecken und Terror gehüllt: Österreichs Führung ermordet, verhaftet, verlassen selbst von Kirche und Arbeiterführung, verraten von den „demokratischen Staaten des Westens". Es kommt zu der von Hitler diktierten „Volksabstimmung" über den Anschluss an das Deutsche Reich. Alles bestens organisiert, das In- und Ausland mit Lug und Trug herrlich präpariert.

Nach einem halben Jahrhundert höre ich Journalisten und Historiker aus dem internationalen und nationalen Sozialisteneck brüllen. Dazu gesellen sich auch Psychologen, die von Angst und Schrecken nur aus Büchern wissen.

In Bild und Ton erlebe ich im Deutschen Fernsehen 60 Jahre nach dem Requiem in Rot-Weiß-Rot die Saat der Verlogenheit Hitlers: Da wagt es tatsächlich eine ältere Frau, dem Reporter von der Angst in den Häusern der Österreicher beim Einmarsch Hitlers zu erzählen. Die eiskalte Antwort ist ein Bildschnitt vom hochorganisierten Aufmarsch heilrufender Menschen auf dem Heldenplatz in Wien im März 1938.

Zur Volksabstimmung Österreichs meint in diesen Tagen des Gedenkens der Sprecher eines Kommentars: Österreich hätte die Volksabstimmung nicht gewonnen oder einfach gefälscht. Dabei haben all diese Presseleute weder Wissen, noch Gewissen, weder Taktgefühl, noch das Bedürfnis zur Wahrheitsfindung. Das Deutschland am Ende des 2. Jahrtausends muss sich Österreich gegenüber die große Schuld des Dritten Reiches an meinem Land mit billigen Bildtricks vom Halse schaffen. Zusehr sind die Bilddokumente der Judenverfolgung das große Trauma.

Dem kleinen Bruder gegenüber gibt es kein Wort des Einbekennens und der Entschuldigung.

Dachau

Am 1. April 1938 erfolgt vom Wiener Westbahnhof der erste Transport österreichischer Staatspolitiker in das Konzentrationslager Dachau.

Eng zusammengepfercht in uralten Waggons erleben Menschen, vor Wochen noch österreichische Staatsmänner, entmenschten Hass, Sadismus, Höllenqualen:

Neben Landeshauptleuten, Presse-, Stabs- und Werbechefs des Staates, neben österreichischen Gesandten, Staatssekretären, Bürgermeistern und Bauernbundobmännern sind auch der Vorsteher der jüdischen Kultusgemeinde und der Stabschef des Republikanischen Schutzbundes.

Rudolf Kalmar, ein Chronist des österreichischen Dachau-Schicksals erinnert sich:

Am Fronleichnamstag 1938 wird der dritte Österreich-Transport mit der gesamten Führungsschicht des österreichischen Staates nach Dachau befördert. Die alten Waggonfenster sind verhängt. Wie Kriminelle müssen sie während der zehnstündigen Fahrt in das Deckenlicht starren. Fallweise ertönt das Kommando: „Köpfe herunter!" Mit Schlägen auf die Schädel wird nachgeholfen.

Alfred Maleta beschreibt ein unvergessliches Erlebnis:

„Mir gegenüber saß ein alter Jude, der mit seinem ehrwürdigen weißen Haar und Bart und seinem Kaftan dem alten Testament entstiegen zu sein schien.

Als wir mit den Köpfen unten waren, drückte er mir die Hand und flüsterte mir zu: „Mut, Herr Doktor, Gott wird uns helfen!"

Liebes Salzburg

Es ist Herbst 1938. Der täglichen polizeilichen Meldepflicht in meiner Heimatstadt entrinne ich. Mein Ziel ist die Traumstadt Salzburg, der Besuch des Abiturientenjahrganges der Lehrer-Bildungsanstalt (LBA).

Ja, aber so einfach ist mein Vorhaben gar nicht. Zur Anmeldung ist ein polizeiliches Führungszeugnis von Ried unbedingt erforderlich.

In all den kommenden Jahren hält der Herr seine Hände schützend über mich.

Da sitzt nun bei meiner Anmeldung in der Kanzlei der LBA der Vater meines Schwagers Roman, Professor Alois Petsche. Er ist auch nach der im März von den örtlichen Parteigremien der NSDAP kurzfristig erfolgten Umbesetzung weiterhin zuständig für Schulpraxis und Klavierspiel. Die örtlichen Parteistellen lassen den Professoren auch nach dem Umsturz verhältnismäßig großen Spielraum in der Ausübung der Agenden. Die erste Hürde zur Aufnahme ist übersprungen. Es beginnen herrliche Monate des Studentseins in den weiträumigen Trakten des altehrwürdigen Universitätsgebäudes. Zusammen mit Rudi Arminger, einem Rieder Studenten aus Attnang, beziehe ich eine kleine Studentenbude in der Getreidegasse. Unsere „Crux", die alte Dame Pilz, versorgt uns auch mit Früh-

Das Salzburger Trio

Dr. Max Gehmacher

stück und Mittagessen. Im Monat zahle ich dafür 42 Mark. Von meiner Schwester Gretl und Schwager Roman bekomme ich monatlich 20 Mark Taschengeld. Damit werden das Nötige für das Abendessen und kleinere Ausgaben besorgt. Für die Beheizung unseres Raumes und das Wärmen eines einfachen Abendessens, oft Knacker mit Sauerkraut, gibt uns mein Vater einen herrlichen „Kronprinz". Dieser „Prinz" ist ein praktisches Petroleumöferl. In den vergangenen Kinder- und Jugendjahren lerne ich zu Hause Reinigung und Pflege eines solchen Wärmespenders. Das ist nun wirklich wichtig, um nicht an Stelle der Wärme nur Rauch und Ruß in unserer Bude zu genießen.

Mit einem Wort, wir finden es trotz großer Einfachheit sehr gemütlich.

Der Dritte in unserer Abiturientenrunde ist Egbert Kunrath aus St. Pölten, ein ausgezeichneter Kartenspieler. Bauernschnapsen wird zur Leidenschaft. Da für uns Maturanten ja der Besuch der Hauptgegenstände entfällt, haben wir Zeit für fröhliche Stunden.

Wir besuchen nur mehr: Leibeserziehung, Pädagogik, Methodik und praktische Übungen, Freihandzeichnen, Musiklehre und Gesang, Klavier- und Orgelspiel, Gitarrenspiel, Landwirtschaftslehre und Schönschreiben.

Zu schriftlichen Deutscharbeiten sind wir wohl eingeladen.

Fehlt es uns an Geld, stellen wir uns eben auf Treppen und Brunnen der Stadt und musizieren nach Herzenslust. Gerne nehmen wir nach unserem

Singen und Gitarrenspiel Einladungen zum Essen und Trinken an. Gar oft sind wir da Gäste unseres Direktors im italienischen Lokal „Est-Est-Est" in der Berggasse. Dr. Max Gehmacher ist ja auch Leiter des Salzburger Volksliederchores. Wir drei Maturanten zählen zu seinen Lieblingssängern. Die Chorstunden mit ihm sind unvergesslich. Jedes Lied macht er vorerst textlich zum Erlebnis. Welche Liebe zum Detail, zur Heimat strömt aus ihm, der im März zum kommissarischen Leiter der Anstalt gemacht wird. Er muss aber schließlich doch weichen, als aus dem Salzburger Volksliederchor ein HJ-Singkreis hervorgeht.

Volkskunde, aber auch Leibeserziehung finden in meiner Kinder- und Jugendzeit in Staat und Kirche wenig Anklang. Man findet dieses Tun und Wirken zu national, zu freiheitlich, zu wenig auf das Jenseits gerichtet. Der Nationalsozialismus aber erkennt die großen emotionalen Kräfte dieser Disziplinen und baut sie in seine Propagandamaschinerie ein. Und nun, im befreiten Österreich, werden diese von den Nazis missbrauchten Menschen, wieder nur als „Ewiggestrige" abgetan.

Hier in Salzburg erlebe ich in meiner kurzen Studienzeit, dass sich Professoren, die sich im März als Nationalsozialisten deklarieren, Lehrerpersönlichkeit und Menschlichkeit nie ablegen. Trotz angeordneter Erlässe, trotz ihrer eigenen Unsicherheit haben sie alle versucht, mit Freude und oft viel Humor, junge Kandidaten zu Menschen zu formen.

Pater Hugo

Vollbeladen mit Lebensmitteln, Süßigkeiten und Zigaretten besucht uns fallweise ein prächtiger Freund. Es ist dies der Guardian des Kapuzinerklosters in Ried, unser lieber Seelenführer Pater Hugo Dittmann, ein Mann vor Gott und den Menschen. Schon in meiner Gymnasialzeit in Ried ist Pater Hugo fürsorglicher Freund und Seelsorger. Im Klostergarten ist das lustige Studentenvölklein zur Arbeit eingeladen. Da werden Gemüsebeete umgegraben, Mist geführt, Blumen umgesetzt und gedüngt. Zum Lohn fährt er mit uns nach Altötting. Da sind wir mit ihm fröhliche Wallfahrer. Vor der Eisenbahnfahrt heißt es: „Dass ihr mich ja nicht blamiert. Drüber dem Inn leben genau solche Menschen wie hier, sie haben die Nase mitten im Gesicht, ihr Lalli, ihr blöden!"

Voll Erwartung stehen also zwei ehemalige Rieder Studenten am Bahnsteig des Salzburger Bahnhofes. Fesch in Zivil gekleidet - es ist ja Nazizeit -, rechts und links pralle Taschen mit Köstlichkeiten tragend, entsteigt unser Hugo dem Rieder Zug. Herzliche Begrüßung folgt. Die schweren Taschen nehmen wir ihm gerne ab, wohl um den herrlichen Inhalt wissend. Freudig wandern wir stadteinwärts. Am „Platzl" wird Halt gemacht. In einem feudalen Geschäft kauft er uns kleine Geldbörsen und Messerl für unsere Jausenzeit. Für sich selbst besorgt er Handschuhe und einen Schal. Pater Hugo ist ja früher in Bayern Lehrer gewesen und erst mit 28 Jahren in den Kapuzinerorden eingetreten. Er zeigt ein gepflegtes Auftreten und ist daher immer bestrebt, dass auch wir uns dementsprechend gut benehmen. Bedient werden wir im Geschäft von einer Dame, die nun unserem väterlichen Freund zum Abschluss die Frage stellt: „Darf es nicht auch für die Frau Gemahlin etwas sein?" Na, mehr haben wir Studentlein nicht gebraucht. Pustend und lachend stürzen wir aus dem Geschäft. Würdevoll, doch voll Groll über unser bübisches Benehmen, schreitet er auf uns zu: „Ihr Lalli, ihr blöden, mich so zu blamieren!"

Innerlich freut er sich aber, da seine Fürsorge mit uns zu einer solchen Frage der Geschäftsfrau berechtigt ist.

Geradewegs marschiert er mit uns in den Peterskeller. Für seine „Buben" bestellt er ein Paar Frankfurter und ein Vierterl Wein.

. Oktober 1938 befindet sich das ...ertrennliche Terzett bei der abendlichen Andacht in der Andräkirche. Stinkbomben, von Jugendlichen in den Kirchenraum geworfen, können uns nicht vertreiben. Wir ahnen aber auf uns zukommende Terrorakte. Über die Salzach wandern wir unserer Studentenbude in der Getreidegasse zu. Grollender, hysterisch boshafter Pöbel drängt dem Festspielhaus zu. Man hört das geifernde Schreien des Salzburger Landesschulrats Karl Springenschmid.[1]

Unglaublich, was überbordendes Machtgefühl über Menschen aus einem ehemals angesehenen Dichter machen kann. Die Menschenmasse wird mit Hassparolen aufgepeitscht. Diese Saat des Hasses gegen den „verderblichen Einfluss des Klerus in der Politik und im Schulwesen" entlädt sich anschließend vor dem Bischöflichen Palais. Sprechchöre: „Sigismund, du schwarzer Hund! Wir wollen unseren Bischof sehen - in Dachau!" untermalen Klänge des Spielmannszuges einer HJ-Abteilung und das Klirren von Fensterscheiben.

Von der Progromnacht (Reichskristallnacht) in den frühen Morgenstunden des 10. Novembers bekommen wir in unserer Studentenbude gar nichts mit. Der Sicherheitsdienst der SS stellt in seinem Bericht nach Wien bedauernd fest:

„Infolge der mangelnden Propaganda und der geringen Anzahl von Zeitungslesern und Radiohörern waren weite Teile der Bevölkerung nicht ein-

mal über das Attentat auf den deutschen Botschaftssekretär von Rath bzw. dessen Ableben unterrichtet. Bei der Aktion gegen die Juden war infolgedessen die Bevölkerung in keiner Weise beteiligt. Die Durchführung erfolgte lediglich von Formationsangehörigen, die von ihren Vorgesetzten dazu befohlen wurden. Es ist unrichtig, wenn in den Zeitungen von einer spontanen Volksbewegung gesprochen wird, derartige Nachrichten nimmt die Bevölkerung mit einem leisen Lächeln auf."

(aus „Nationalsozialismus und Krieg" Verlag Anton Pustet 1976)

Ja, was erzählt man sich dann am darauffolgenden Tag in der Schule? Eigentlich herrscht betretenes Schweigen. Da und dort brüstet sich einer, dass er bei der Plünderung der Geschäfte eine Hose mitgenommen hat. Kein Schuldgefühl, kein nachtragender Hass, der sich, aufgepeitscht vom Landesschulrat, entlädt. Für einige ist es eben nur Spaß. Der Weg vom Spaß zum Mord ist eröffnet.

In den nächsten Tagen ergeht an unsere Lehrerbildungsanstalt von eben diesem Landesschulrat die Verordnung:

„Bis 22. November haben alle Schüler die Zugehörigkeit zur NSDAP oder einer ihrer Gliederungen nachzuweisen." Da erlebe ich nun abwehrende, echte Klassenkameradschaft. Gemeinsames Beraten und Helfen beginnen. Einige von unseren Klassenkameraden sind bereits beim NSKK, dem Nationalsozialistischen Kraftfahrkorps. Ihre Uniformen werden an uns verliehen, beim Fotografen Aufnahmen gemacht und in

Matura-Umzug Salzburg

der Kanzlei der Bildungsanstalt abgegeben. Diese gehässige Verordnung findet bei allen Abneigung. Das Zusammengehörigkeitsgefühl siegt.

Mit insgesamt 47 Maturanten treten wir in unserer herrlichen Studienstadt den Schlussakkord an. Vom 23. bis 25. Februar ist die schriftliche, vom 20. bis 24. März mündliche Matura. Der Maturaumzug am 3. März 1939 vereint uns mit der Salzburger Bevölkerung in fröhlicher Ausgelassenheit.

„*...Mit Ketten zusammengebun-
den und mit professoralen Utensi-
lien, Klassenbuch, Zirkel und
Dreieck, beladen, ernten die mit
entsprechender Maske ausgestat-
teten Studenten den größten
Lacherfolg.*"

Der liebe, gute Professor Haimerl
strahlt sichtlich gerührt bei meinem Anblick. Freudig sorgt er mit
einem „Trinkgeld" für die fröhliche Maturafeier im „Zipferbräu".
Als Tänzerinnen verkleidet, mit
Röckchen aus Krepppapier angetan, zaubern wir das selbst-einstu-
dierte Ballett auf schwankenden
Brettern einer Bühne.

Von der Aushändigung des Matu-
razeugnisses am Samstag, 25.
März 1939, bis zum Antritt beim
RAD, dem Reichsarbeitsdienst, am
Samstag, 1. April, liegt nur eine
Woche kindlicher Träume:

Es winket die Freiheit.
Es leuchtet das Glück.
LBA maturiert.

1) Im Jänner 1936 schreibt das deutsche Frauenblatt
über ihn: „Der Tiroler Karl Springenschmid ist seit
dem Tode von Ludwig Thoma und Lena Christ
entschieden das urwüchsigste Talent der deutschen Alpen und einer der wenigen Dichter die
echten Humor besitzen, der, wenn er mitunter
auch grobklotzig ist, doch aus dem Herzen
kommt."

Soldat im fremden Heer

RAD-Abteilung 4/332 und Militär

Samstag, 1. April 1939. Da stehen wir
nun, etwas verloren, auf dem Bahn-
hofsgelände von St. Johann in Tirol.
Vom Rücken baumelt ein kleiner Rucksack. Der Inhalt sind etwas Wäsche,
eine Zahnbürste, Seife, ein kleines
Handtuch und eine Jause.

Tritt Marsch! Kirchdorf lassen wir links
liegen. Ab Erpfendorf geht es hinein
ins Achental zu dem kleinen Dorf
Wohlmuting. Vor uns sehen wir in einer Wiese einige Baracken im Rohbau
stehen. Das Ziel unserer Arbeitsdienst-
zeit ist erreicht. Zum Empfang gibt es
trocken schmeckendes Reisfleisch mit
klarem Wasser.

Die Arbeitskleidung ist noch nicht ein-
getroffen. So müssen wir die ersten
Wochen in unseren Zivilkleidern Auf-
bauarbeiten im Lager meistern. Ha,
meistern! Das erste Mal Schaufel, Spitz-
hacke und Spaten in der Hand, das
erste Mal den Schubkarren, mit Erd-
reich angefüllt, über schmale Laufbret-
ter balanzieren.

Massenquartier, primitive Möglichkeit
zur Körperpflege, Enge und Schmal-
kost sind für mich nichts Neues. Wenn
nur nicht das laute Schreien und Kom-
mandieren des Führungskaders wäre.

Primitive Machtgelüste liegen in der
Luft. An die Stelle des Behütetseins in
der Großfamilie treten Rohheit, Spott,
Kadavergehorsam. „Das Denken über-
lasst den Pferden. Die haben größere
Köpfe!"

Der äußere, menschenfeindliche Druck schweißt die Jugend zu einer Gemeinschaft zusammen. Eigenwille kann nicht gebrochen werden. Wir Studenten können im Kreise von Kameraden aus den verschiedensten Bevölkerungsschichten viel dazulernen. Im Kreise von echten Freunden finden wir Lust und Freude an der Arbeit mit „Krampen und Schaufel". Wir beherrschen langsam kraftsparende Techniken und lassen uns jugendlichen Humor und Heiterkeit nicht nehmen.

Gott sei Dank gibt es unter dem unausgebildeten Führungspersonal auch einen echten Freund, einen Lichtblick für unsere Sorgen und Beschwerden: Truppführer Johann Greifeneder ist ein Rieder. Sein Wirken im Turnverein Ried befähigt ihn zur Führung junger Menschen. Diese Art von Führungsstil findet selbstverständlich keinen Anklang in der „oberen Etage". Greifeneder verlässt den RAD, meldet sich zu den Gebirgsjägern und findet 1943 in Russland den Tod.

Die Arbeitsdrillliche sind eingelangt! Kleine Namensschildchen aus dünnem Leinen müssen sauber eingenäht werden. Boshafte Kontrollen erfordern von uns mehrmalige Nähkunst.

Da spaziere ich eines Tages voll Stolz auf meine Nähkunst durch das Barackengelände. Das kunstvolle Umgehen mit Nadel und Zwirn habe ich ja als Bub von den Schwestern erlernt. Meine Hände stecken in den Hosentaschen. Ein fürchterliches Brüllen hinter mir stört meinen strammen Schritt

nicht. Endlich holt mich wutschnaubend der Truppführer ein. „In 10 Minuten melden Sie sich mit zugenähten Hosentaschen bei mir!" Meine Näharbeit wird immer besser. Es freut mich. Kameraden lachen mit mir. Dieses Zunähen von Hosentaschen wird lustvoll von allen exerziert. Wir haben bübische Schadensfreude, die Führung ist verärgert.

Es ist Nacht. Lange nach Mitternacht hören wir das Gröhlen betrunkener Truppführer. Tief kriechen wir unter die Decke. Lautes Kommando erschallt. „Alles zum Appell auf den Barackengang heraustreten!" Verschlafen torkeln wir in unseren Nachthemden hinaus. Wir erwarten neuen Befehl: „Alles im Nachthemd mit umgegürtetem Koppel und dem Spaten vor die Baracke." Es beginnt ein „lustiges" Schauspiel.

gerichtet [...] vor dem „Jugend[...] von einer großen Taschenla[...] in Hocke, den Spaten auf die vo[r]gestreckten Arme gelegt." Hopsend [...] mit der Melodie „O Tannenbaum" der Text „Wir sollen ja nicht Vorlaut sein" zu singen.

In dieser Nacht geht unser „sagenhafter Trupp 11" in die Geschichte des Lagerlebens ein.

Neben diesen und anderen „Leibeserziehungsformen" hat die RAD-Abteilung Wohlmuting die Aufgabe, einen Hauptvorfluter im Achental zu graben. Da sind die Tage, Wochen und Monate wohl erfüllt von anstrengender körperlicher Betätigung. Diese Aufgabe hat aber einen Sinn und hilft Menschen und Natur des herrlichen Tirols. Am

Trotz allem Humor

46

Wochenende gibt es auch Freizeit, wenn nicht gerade wieder eine neue „Erziehungsform" durchzustehen ist.

Wir bauen uns eine kleine Musikkapelle auf. Mit ihr übertönen wir die nationalsozialistische Werbetrommel. Österreichische Märsche und Walzer erzählen von unseren Träumen, von unserer Hoffnung.

Eines Tages kommen hochgewachsene, zackige SS-Offiziere in unser Lager. Alle Arbeitsmänner sind in der Essbaracke versammelt. Die Werbetrommel für eine Ausmusterung zur SS wird gerührt. Billige Nazipropaganda rollt über unsere jugendlichen Köpfe hinweg.

Wir vom Trupp 11 werden keines Blickes gewürdigt. Unsere Durchschnittsgröße ist ja nur 165 cm. Hochgewachsene, blonde Arbeitsmänner ziehen begehrliche Blicke auf sich.

Nun geht es los: „Beruf?" … Es kommt wie ein Keulenschlag: „Kapuziner-Theologiestudent!" Erst atemlose Stille - tiefes Durchatmen, dann bricht Hass, nichts als Hass aus den SS-Werbemännern. „Was sind Sie?" „Kapuziner-Theologiestudent!". Die SS-Offiziersstimme überschlägt sich: „Ein Judenstämmling sind Sie, schmutziger Anhänger einer jüdischen Hure!" Besser kann Hitlers „Vorsehungsreligio" nicht entlarvt werden. Als nun bei 2 weiteren Arbeitsmännern die gleiche Antwort schlicht, aber bestimmt gegeben wird, ist die Hölle los. Die Werbung für den Eintritt in die SS fällt kläglich aus.

Die 6 Monate der Arbeitsdienstpflicht sollen mit 25. September zu Ende gehen. Der Überfall auf Polen, der Hitler-Stalinpakt, verlängert unsere Dienstzeit. Für Historiker ist erst mit 1. September 1939 der Ausbruch des 2. Weltkrieges festgelegt. Für uns Österreicher ist Krieg seit 13. März 1938. Finden sich zuerst Faschismus und „Demokratien" des Westens zur „Lösung" der Österreich- und Tschechienfrage, so finden sich ein Jahr später nationaler und internationaler Sozialismus, Faschismus und Kommunismus, beide gottlose Systeme, in der Vernichtung Europas.

Arbeitsmann Pasch

Besonders für uns Studenten ist die Einberufung zum RAD psychischer und sozialer Reifungsprozess. Im späteren Leben können wir nicht mehr achtlos an Menschen vorübergehen, die mit ihren Händen, mit Fleiß und viel Schweiß ihrem Land dienen.

Wir lernen auch in einer Gemeinschaft füreinander dazusein, uns gegenseitig zu helfen, zu stützen und Freud und Leid zu teilen. Humor, Musik, Gebet schirmen eine echte Familie von Hass und Terror ab. An ihr zerschellen so manche Sturzwellen des Bösen.

Auf unsere Weise versuchen wir, uns den Grenzsituationen des Lebens zu stellen. Es gibt kein feiges Entrinnen. Das Meistern des erfüllten Lebens gelingt freilich dem einen mehr, dem anderen weniger. Mancher unterliegt teuflischer Angstpsychose in aufgepeitschter Masse.

Nach einem halben Jahrhundert zeigen Urteile über unsere Generation große Defizite an Menschlichkeit.

*

11 Lehramtskandidaten werden am 25. November 1939 aus dem RAD entlassen. Sie haben sich bei ihrer Schulbehörde zu melden. Unter diesen Arbeitsmännern befinde ich mich. Wir haben den Schuldienst für eben einberufene Kollegen zu übernehmen.

Vom Schulratsamt Ried i. I. werde ich der Hauptschule Ried unter der Leitung von Direktor Josef Schamberger für den zum Militär einberufenen Kollegen Bruno Lohinger zugeteilt. So übernehme ich am ersten Tag vom scheidenden Kollegen die Lehrbücher und die Altmaterialsammlung.

Freilich kann bei all diesem Einsatz für Menschen nicht alles glatt gehen. Von einem Kompaniechef, einem Wiener Berufskollegen, werden mir 5 Tage Kasernen-Arrest aufgebrummt, da ich seine finanziellen Unregelmäßigkeiten auf Kosten von Kameraden melde. Meine Beschwerde wird wohl abgelehnt. Meine Strafe aber wird vertagt und ich brauche sie nie absitzen.

Doch da stimmt ja etwas nicht! Schon am nächsten Tag habe ich mich beim Kreisschulrat Marian zu melden.

„Soeben erfahre ich von ihrem politischen Wirken in Ried i. I. Bevor Sie eine Anstellung als Erzieher bekommen, studieren Sie erst Hitlers ‚Mein Kampf' und Rosenbergs ‚Mythos des 20. Jhs'. Sie werden ab sofort zum Militär eingezogen." Mein Einwand, dass ich aus einer kinderreichen Familie stamme, die jede finanzielle Hilfe benötigt, wird abgewiesen.

Am 4. Dezember 1939 rücke ich bei der 3. Ers. Komp. J. R. 135 in der verschneiten Kaserne zu Ried ein. Ich bin der einzige der vorzeitig entlassenen Arbeitsmänner. Natürlich ist es von mir ungeschickt, mich in meiner Heimatstadt zu melden.

Doch im Leben ist es wohl immer so: Was man im ersten Augenblick als Nachteil empfindet, schält sich später als Vorteil heraus. Mit der Einberufung zum Militär bin ich den Klauen der NSDAP entronnen. Hier bin ich abgeschirmt. Gefragt sind mein soziales Wirken, meine Kameradschaft, meine Organisationsfreude, meine Musikalität. Die Offizierslaufbahn lehne ich ab. Als Rechnungsführer bei den Wehrdienststellen kann ich mit Freunden des Bataillonsstabes Hilfe geben, Böses abwenden oder wenigstens mildern.

Ich habe die Möglichkeit, Gottesdienste einzuplanen und diese mit lieben Kameraden musikalisch zu umrahmen. Bei Festen und Feiern ist österreichische Kultur gefragt, inmitten der Weihnachtsfeiern steht das Weihnachtsevangelium.

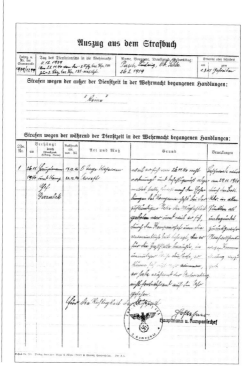

Da lässt mich eines Tages der Ober-
stabsintendant rufen und meint, dass
das Niederknien eines Soldaten bei der
Fronleichnamsprozession nicht ange-
messen sei. Diesem Vorgesetzten, einem lustigen Rheinländer, der mir ein
lieber Freund wird, gebe ich die
trockene Antwort: „Ich weiß, dass Sie
schon vor einer Hure knieten."

Mein Gott, das sind ja alles Kleinigkei-
ten gegenüber dem unmenschlichen
Dienst an vorderster Front. Krieg ist
Teufelswerk, ist der Schrei entseelter
Menschen, ist der Gruß satanischer Or-
gie. Krieg hüllt Mensch und Natur in
Grauen und Entsetzen. Diesen Freun-
den, Kameraden, Menschen in höchs-
ter Not, widmen wir in den Tagen des
Ostfeldzuges dieses Lied:

Pasch und Josef Gruber (später Redakteur der Rieder Volkszeitung)

Ein träger Schritt klingt schwer und müd
durch graue, lange Nacht.
Kein leiser Wind, kein Wort, kein Lied.
Die Ruhe vor der Schlacht.

Noch einmal stehn vor meinem Blick
die Berge, Wiesen, Wald.
Doch dann erfülle dich, Geschick.
Der Morgen dämmert bald.

Im Osten wird der Himmel bleich.
Noch eine kurze Stund.
Die geht vorbei, dann ist vielleicht
genau so bleich mein Mund.

Horchen Sie hinein in das Innerste einer gequälten Seele, dann richten Sie
ihre Frage: „Was haben die Österreicher in Spanien und Russland verloren?" nicht an uns, sondern an die irdischen Mächte dieser Erde.

Friede im Krieg

Es ist Samstag, 28. November 1942, 15 Uhr. Der Kreisschulrat des Bezirkes Vöcklabruck teilt mich soeben der Volksschule Bach bei Schwanenstadt als außerplanmäßigen Lehrer zu. Vom Kompaniechef sind 4 Monate Studienurlaub bewilligt.

Da stapfe ich nun am späten Nachmittag entlang der Eisenbahnschienen von Vöcklabruck nach Attnang, weiter Richtung Ried nach Lehen-Altensam. Ich verlasse den schmutzigen Bahndamm. Schneebedeckte Hügel, glitzernde Baumwipfel, dunkelblauer Abendhimmel umfangen mich. Ein leichter Wind spielt mit Kristallen aus Schnee und Eis. Unter den Füßen knirscht geheimnisvoll verkrusteter Schnee.

Vollkommene Stille in der adventlichen Landschaft. Da und dort dringt aus Viehställen von Gehöften ein vertrauter Laut. Es ist ja gerade „Wegarbeit", Betreuungsstunde für Vieh und Stall. Das Geräusch von Milchkannen klingt in meinen Ohren wie das Läuten von Glocken, Boten des Friedens.

Mein Gott, tut das wohl! Alle meine Sinne sind hellwach. Sie saugen glückhafte Gegenwart durch jede Pore. Mein ganzer Körper spürt, fühlt und ergreift tiefes Menschsein auf gesegnetem Heimatboden.

Wie ist das doch ganz anders in der Welt des Schreckens, des Grauens, des Mordens. Auch da sind alle Sinne hellwach, aber verkrampft, aufs höchste angespannt. Sie sind voll verdrängter Angst, eingespannt wie von Schraubstöcken in eine Maschinerie der Lüge, voll Hass und Unmenschlichkeit, erfüllt vom Urschrei menschlicher Not. Ein Entrinnen ist unmöglich. Übermenschliche Kraft erfordert gottergebene Gegenwehr, der Versuch, satanisch Böses mit Gesten menschlicher Nähe, Wärme und Hilfsbereitschaft zu entkräften. Ich weiß es: Hilfsbereite Hände können aus verzweifelten Menschen geschürten Hass, Angst, Aggressivität herausschälen und die Nacktheit menschlichen Strebens bloßlegen. Wir sind in Gottes Hand, hineingestellt in eine Welt, die nach Licht schreit, nach Schutz, nach einem guten Wort. Gefordert ist in unmenschlicher Umgebung ein Ausstrahlen menschlicher Güte, unbeirrbarer Hoffnung.

„Unrecht Gut gedeihet nicht!" So klingen in mir die väterlichen Worte in verzagten Stunden.

Wie entsetzt schreien da nach einem halben Jahrhundert Wissenschaftler, Soziologen, Psychologen, wenn sie aus dem Munde der gequälten Generation das Wort „Pflichterfüllung" hören. Fast hysterisch wirken ihre hocherhobenen, beschwörenden Zeigefinger. Für ihre Naivität bedeutet dieses Wort der Pflichterfüllung nichts anderes, als sengend, brennend und mordend durch eine friedvolle Welt zu rasen. Sie wissen nichts von Leid, hilfsbereiten Händen, von Treue, Selbstverzicht, von Einsatz für das Leben im Grauen des Krieges. Primitivität durch ungelebtes Leid prägt ihre Meinung: „Soldaten sind Mörder!"

Menschliche Eiseskälte dringt da aus einer saturierten, sich humanistisch-sozial getarnten „Menschlichkeit".

*

Es ist Abend geworden. Morgen feiern wir den 1. Adventsonntag des Jahres 1942. Vor dem Lehramtsanwärter Ludwig Pasch liegt, wie in eine verschneite Krippenlandschaft eingebettet, das Ziel der Wanderung, Bach bei Schwanenstadt. Inmitten einiger Bauerngehöfte ragt das Kirchtürmlein über Pfarrhof, Krämer, Schule.

Nun stehe ich vor meiner kleinen, künftigen Wirkungsstätte. Die hölzerne Tür ist geschlossen. Dunkel starren die Fenster in die durch den Schnee erhellte Umgebung. Bei der Krämerin erfahre ich, dass das „Fräulein" Bauer, die derzeitige Vertreterin des sich in Russland befindlichen Kollegen Mayr, gerade in der Kirche beim Rosenkranzgebet weilt.

So wandere ich den kleinen Hügel hinauf zum Bürgermeister, dem Gastwirt von Spiegelberg. Das Gastzimmer ist leer, in der Küche richtet die seelengute Wirtin - sie erinnert mich stark in ihrer molligen Art an meine Mutter - das Abendbrot. Ja so, der neue Lehrer ist das. Sie wird schon eine Bettstatt im oberen saalähnlichen Raum herrichten. Der Wirt ist aber gerade auch nicht da. Drunten ist er, in der Kirche beim Rosenkranzbeten.

Schulchronik 1942/43

Friede in der Heimat, Gebet für die Lieben da draußen. Sorge, Liebe, Tränen, Leid - alles in der Hand des HERRN. Die Pforten der Hölle werden uns nicht überwältigen.

Montag, 30. November 1942. Das schlichte „Fräulein" empfängt mich in ihrem kleinen Gemach, voll von Heften und Büchern. Es riecht nach feuchten Mauern, Schlichtheit, Zufriedenheit. Die zweite Klasse mit 5 Schulstufen ist zu übernehmen. 31 Knaben und 40 Mädchen sind voll Erwartung auf den Lehrer, der nun in Soldatenuniform vor ihnen steht. In der Uniform hat die „Partei" keinen Zugriff auf sein Wirken.

Vormittags werden die 4. und 5. Schulstufe, nachmittags die 6., 7. und 8. Schulstufe unterrichtet. Der Abteilungsunterricht ermöglicht eine individuelle, persönliche Betreuung, die auch Freude und Hilfsbereitschaft des Nachbarn fördert. Hier kann ich Lehrer sein und stehe nicht in einer Fabrik des neuen Menschen. Bei der Vorbereitung hilft mir der „Pöschl", ein Unterrichtswerk für Stunden, in denen der einzelne Schüler als Zielpunkt des Lehrens und Lernens geprägt wird.

Das Fräulein bittet mich, in ihrer Unterstufe Gesang zu unterrichten. Unterdessen gibt sie in meiner Oberstufe den Schreibunterricht.

Donnerstag ist immer schulfrei. Da dürfen am Vormittag alle zu mir kommen, die Zuspruch und Hilfe benötigen. Der Nachmittag des schulfreien Tages gilt den Gesangs- und Wanderfreudigen der ganzen Schule. Mit der Gitarre in der Hand erklingen Österreichs Lieder in Bauernstuben oder bei Schönwetter auf den hügeligen Wiesen der Umgebung.

Hermann, ein tüchtiges Bürschlein der Oberstufe, sitzt sonntags an der Orgel. Französische Kriegsgefangene, wie ich beim Wirt von Spiegelberg in einem Massenquartier untergebracht, sind als Geigenspieler auf der kleinen Empore des Kirchleins „eingeschmuggelt".

Auch sie helfen mit, das Gloria zur Ehre Gottes freudig erklingen zu lassen. Dies alles in den Kriegsjahren 1942/43. Terror und Hass weit draußen.

Nach 50 Jahren malt man ein Österreich voll Grauen, um finanzielle Forderungen stellen zu können. Dieser heute herrschenden Geldgier stehen französische Kriegsgefangene gegenüber, die nach dem Krieg mit ihren Familien Urlaub auf österreichischen Bauernhöfen machen, auf denen sie einst als Gefangene arbeiteten.

Die lieben „Mäderl" der 7. und 8. Schulstufe sind nicht anders als die holde Weiblichkeit in den vergangenen Jahrtausenden überall auf unserem herrlichen Planeten. Auch sie versuchen sich nach ihren bescheidenen Möglichkeiten zu pflegen und ihr Äußeres zu verschönern. Selbstverständlich ist ihr Ziel nicht die „Männlichkeit" der Klasse. Mit den Buben wird gerauft und im Wettkampf beim Turnen der Siegeswille gesteigert. Ja, wenn da nicht gerade in diesen Monaten ein junger Lehrer in Soldatenuniform am Katheder stehen würde, dem man Liebreiz und Anmut präsentieren will. Nicht aufdringlich, nein, nein, nicht wie in späteren Jahren Jugend mit großem Halsausschnitt und Minirock. Diese Selbstdiskriminierung durch gefrönte Nacktheit ist den Frauenrechtlerinnen mit ihrer Forderung nach Lust vorbehalten.

Nur ein kleines Relikt soll die Aufmerksamkeit erregen. Die Krämerin meldet mir eines Tages, besorgt um die

Sittlichkeit der Jugend, vom Ankauf kleiner Pölsterchen. Endlich wird mir klar: Der alte Spruch über altes Schulgemäuer: „Frühling wirds an allen Orten, man riecht es schon an den Aborten" ist seit einigen Tagen in der 2. Klasse nicht mehr zu bemerken. Herzlich gedankt sei ihnen, den Mäderln mit ihren im Schürzlein versteckten Duftkissen.

Am Sonntag, 28. März des Jahres 1943, feiert der ganze Ort Abschied von seinem Lehrer. Beschenkt wird er mit Köstlichkeiten von den heimischen Bauernhöfen und mit selbstgemalten und gebastelten Andenken von den französischen Kriegsgefangenen.

Die Schulchronik berichtet darüber im herrlichen Kurrent.

Während meines vier Monate dauernden Studienurlaubes beginnt im Osten das Drama von Stalingrad.

Am 1. Dezember 1942 rät Mussolini zur Beendigung des Ostfeldzuges.

Am 2. Dezember gelingt dem Nobelpreisträger Enrico Fermi in Chicago eine kontrollierte Kernspaltung zur Entwicklung der Atombombe.

Der gefangene sowjetische General Wlassow will am 27. Dezember 1942 eine Freiwilligenarmee aufstellen.

Am 16. Jänner 1943 erfolgt der erste alliierte Luftangriff auf Berlin und Josef Goebbels verkündet am 18. Februar den „Totalen Krieg".

Am gleichen Tag werden in München die Geschwister Scholl, Studenten der Widerstandsbewegung „Weiße Rose", verhaftet und am 22. Februar hingerichtet.

Im März 1943 wächst der bürgerliche und militärische Widerstand gegen Hitler, doch zwei Attentate auf ihn misslingen.

Am 22. März richtet der ehemalige Oberbürgermeister von Leipzig Carl Goerdeler eine Denkschrift an die Generalität über die Notwendigkeit eines Staatsstreiches.

Bis Kriegsende wirkt „Fräulein" Bauer an der Schule. Der Leiter kommt nicht mehr zu seiner Familie zurück. Er liegt draußen in Russland, von den Seinen nicht vergessen. Sein Sohn, als Wickelkind in den Kriegstagen von mir betreut, ist nun Bezirksschulinspektor in Ried.

Mai 1945

Als Festungsbataillon in Znaim wird noch der Versuch unternommen, russische Einheiten aufzuhalten. Im Süden hören wir schon seit Ostern Kanonendonner und Bombenabwürfe. Unser Regimentsstab hat sich schon längst in das Salzkammergut abgesetzt.

Ein junger Leutnant soll nun von dort die Order für die „Festung Znaim" einholen. Er schlägt sich aber nach Wien durch und bringt von der Widerstandsbewegung 05 die Order, sich nach Westen abzusetzen.

Am Abend des 18. April beginnt der Marsch entlang der tschechisch-österreichischen Grenze.

Ich bleibe noch in Znaim, um Akten zu vernichten. Mein unzertrennlicher Kamerad Josef Schnabl aus Ybbsitz will mich nach Verlegung des ganzen Trosses mit dem Fahrrad abholen.

Nun marschiere ich allein durch eine gespenstische Nacht, dem Bataillon nach. Da und dort huschen Gestalten lautlos hin und her. Panzersperren werden errichtet, andere werden wieder weggerissen.

Man riecht sie direkt - die Angst! Der Russe kommt! Da und dort gellen Schüsse aus den Weinkellern. Fässer werden durchlöchert, um ein Betrinken der russischen Soldaten zu verhindern. Für Frauen und Mädchen werden mit Brettern Verstecke gezimmert. Angst vor Vergewaltigungen!

Um 3 Uhr früh ist Schnabl bei mir. Es geht zu zweit in unseren neuen Standort Groß Schönau.

Gerüchte, Gespenster von „Wunderwaffen" machen die Runde. In der Nacht werden die Gewehre und Eierhandgranaten im Teich des Ortes versenkt.

Es ist 8. Mai. Nachmittag heißt es: „Alles antreten zum Appell!" Der „Führer" ist tot. Der Krieg ist aus!

Wir Soldaten nehmen Marsch Richtung Heimat. Abschied von Schnabl, der seine Schritte nach Süden richtet.

Die Nacht durchlaufen wir Richtung Westen. Wir wollen die Amerikaner erreichen, müssen nach einem Gerücht bis 7 Uhr früh in Freistadt im Mühlviertel sein.

Flüche, Jammern: „Das alles hätten wir billiger haben können!"

Billiger? Ja, ist denn die Welt schon ganz verrückt. Krieg, Leid, Trauer, Angst, Hass, Mord, Gier - billiger?

Meine Gitarre auf dem Rücken wird von fluchenden, fliehenden Soldaten belächelt. Diese meine Gitarre, Vertraute vieler Stunden der Menschlichkeit für Freund und Feind, ist nach meiner Heimkehr aus der russischen Gefangenschaft bereits bei meinen Eltern. Sie wird mir von russischen Besatzungssoldaten im Mühlviertel abgenommen, von Kameraden als mein Eigentum erkannt, heimlich versteckt und in mein geliebtes Ried geschmuggelt.

Abgehetzt erreichen wir in den Morgenstunden amerikanische Truppen. Nach Waffen wird nicht lange gefragt, aber Uhren, Uhren, Uhren! Beide Arme der uns empfangenden, wütenden Amerikaner sind vollauf damit bestückt!

Es gibt Anweisungen. Sammelort ist eine Wiese. Beratung mit einigen Kameraden folgt. Der Weg seitwärts über Kefermarkt zur Donau ist mir bekannt. Zu dritt wird nachts ein Feldweg eingeschlagen und gelaufen, gelaufen solange die Kräfte reichen. Am Rande eines Getreidefeldes sinken wir erschöpft nieder. Schlafen, nur schlafen.

Lärm schreckt uns auf. Eine kleine Gruppe polnischer KZ-Häftlinge aus Mauthausen, einen kleinen Karren mit sich ziehend, steht vor uns. Hass, Angst, Rache brechen aus den ausgemergelten Gestalten. Tod den Peinigern! Ich werde ausgesucht, um alle Schmerzen dieser geschundenen, gequälten Menschen zu sühnen. Merkwürdig, wieder stehe ich einmal Todesqualen gegenüber, kenne keine Angst, keinen Hass, nur Trauer. Meine Augen müssen sie berührt haben. Sie lassen vom Quälen ab und liefern uns den Amerikanern aus.

Sonntag, 13. Mai. Entsetzen bei uns und bei den Amerikanern. Der Rest der 5. Armee wird den Russen übergeben.

Von Sandl her wälzen sich die russischen Truppen auf staubiger Straße Freistadt zu.

Weltuntergangsstimmung! Besonders die farbigen Amerikaner zeigen große Furcht. Panzer werden eilig gestartet. Sie rasseln mit furchterregendem Lärm Richtung Süden. Soldaten, Freund und Feind, hängen sich an die Rückseite der Panzer. Fort, nur fort. Körper fallen rücklings auf die Straße. Sie werden von den nachkommenden Panzern überrollt. Dumpf krachen zerbrochene Schädelknochen. Schreie übertönen weithin das Rasseln der Panzer.

Zurück bleibt, in eine dichte Staubwolke gehüllt, eine große, völlig erschöpfte Schar der „Schörner Armee".

Lautlose Stille! Langsam kommen die russischen Soldaten auf Pferdefuhrwerken heran. Kein Gedränge, kein Geschrei. Die Luft ist erfüllt von bangvoller Ruhe. Kurze Befehle!

Montag, 14. Mai. Abmarsch Richtung Norden: Kaplitz - Deutsch Beneschau - Gratzen - Weitra - Gmünd - Horn - Eggenburg - Stockerau. Täglicher Fußmarsch von 40 bis 50 km.

Es gibt kein Wasser, kein Brot. An den Eingängen der tschechischen Orte stehen hasserfüllte Menschen, in ihrer Mitte der Ortspfarrer. Vergeltung, nichts als Vergeltung! Russische Soldaten müssen uns vor dem Ärgsten abschirmen.

Eine kleine Gruppe sammelt sich um mich. Wir beten den Rosenkranz. Da, am Rande der Straße stehen Nonnen. Hass bricht auch aus ihnen hervor. Ich bitte sie, mit uns und für uns zu beten. Kurze Antwort: „Deutsche Soldat nicht beten."

Immer länger wird unser Marsch nach Osten. Immer heißt es: Gefangenenlager überfüllt.

Endlich! Pfingstsamstag, 19. Mai 1945. Vor den Toren des Auffanglagers Stockerau erfolgten die Durchsuchung und Entlausung. Nur die ungarischen Soldaten dürfen mit ihrem Tross in das Lager. Für mich gibt es das erste Essen von der ungarischen Küche.

22.000 Gefangene sind dabei, Baracken zu errichten. Dreifacher Stacheldrahtzaun umgibt uns. Alte, gutmütige russische Soldaten sind unsere Bewacher. Zur Aufrechterhaltung von Ordnung und Disziplin wird eine deutsche Lagerpolizei mit Holzknüppeln ausgerüstet.

In einer Baracke werden 100 Gefangene untergebracht. Einer davon macht täglich Meldung beim Morgenappell. Der russische Lagerkommandant ist ein intelligenter Jude aus Lemberg. Er spricht fließend Deutsch. Der erste Befehl an uns lautet: Innerhalb des Lagers keine Zusammenrottung von Soldaten! Bei Nichtbefolgung wird das Lager unter Artilleriebeschuss genommen!

Langsam beginnt der Lagerkoller die Menschen zu erfassen. Abends bete ich mit den Kameraden in der Baracke den Rosenkranz. Nur ein einziger, er ist Kommunist, tut dabei nicht mit. Während des Tages wird das Warten auf den Abtransport über Odessa nach Sibirien unerträglich. So sitzen wir ent-

lang der Baracke in der Nähe des Stacheldrahtes und unterhalten uns. Eines Tages steht unser Lagerkommandant aufgeregt vor der Hundertschaft.

„Was ist hier los? Kennt ihr nicht das Verbot der Ansammlung von Gefangenen?"

Ich erkläre ihm unsere Lage und das Bemühen, den Leuten den seelischen Druck des Lagerlebens zu mildern. „Ich hoffe, Sie sind ein gläubiger Kommunist, ich bin ein gläubiger Christ." Es kommt eine kurze Antwort: „Was brauchen Sie?" Meine Antwort: „Wir bitten um Schreibmaterial - Papier und Bleistifte." Alles wird gewährt.

Unsere Verpflegung besteht aus flüssigem Maisbrot, etwas Viehsalz und einem Schöpfer heißes Wasser. Für das Wasser suchen wir uns Gras, das Brot wird getrocknet und in drei kleine Stückchen geteilt, für Früh, Mittag und Abend.

Vereinzelt sitzen Kameraden am Stacheldraht. Sie porträtieren russische Bewachungssoldaten. Auf langen Latten, sie werden unter den Stacheldraht geschoben, beginnt ein Tauschhandel: Brot und Zigaretten für Bilder und Schmuck.

Beim Wechsel des Bewachungspersonals - für die älteren Russen kommen junge, fanatische Soldaten - wird langsam der Handel eingestellt. Einem dieser jungen Soldaten wird eine Armbanduhr auf der Latte hinausgeschoben. Zum Tausch wird Brot angeboten. Lächelnd nimmt der Junge die Uhr in Empfang, bindet sie an sein Handgelenk und geht seine Runde weiter.

Diese Szene sieht ein alter Bewachungssoldat. Er läuft dem jungen Russen nach, reißt ihm die Uhr vom Handgelenk, schlägt ihm ins Gesicht und wirft die Uhr über den Stacheldraht zurück. Menschen vor und hinter dem Stacheldraht!

Beim Morgenappell heißt es eines Tages zur Verwunderung unserer Hundertschaft: „Diejenigen von euch, die beichten und kommunizieren wollen, mögen vortreten!" Bumm!

Was soll das bedeuten? Eine Finte? Ein echtes Angebot? Meine Kameraden blicken auf mich. Was? Für mich bedeutet ihre fragende, ängstliche Miene: Vortreten! Da stehen wir nun vor dem russischen Lagerkommandanten, 37 an der Zahl. Sie können ihre Angst überwinden.

Ein neues Kommando erschallt: „Alle Übrigen wegtreten!"

Nun beginnt für uns ein großes Wunder. Wir dürfen uns eine hölzerne Kapelle bauen. Für die Gestaltung des Gottesdienstes bekommen wir alles.

Wir feiern unseren ersten offiziellen Gottesdienst mit einem Priester aus dem Lager. Der Kamerad, der uns beim Rosenkranzbeten oft belächelt, geht mit uns, Tränen in den Augen, zur Kommunion.

Am 14. August hören wir im Lager von der Kapitulation Japans. Die russischen Bewachungssoldaten feiern überschwänglich. Auch wir Österreicher sind in diese Freude miteingebunden.

Am 23. August werden wir zu einem Transport zusammengestellt. Es geht nicht nach Odessa, nein, wir erhalten einen Entlassungsschein in die Heimat. Während an unserem Transportzug Waggons in Richtung Nord und Ost vorbeiziehen, landen die ersten Kriegsgefangenen am Nordbahnhof in Wien. Unter dem Geleitschutz russischer Soldaten geht es zu Fuß über die Wiener Reichsbrücke zum Westbahnhof. Auf diesem Marsch erleben wir erschütternde Szenen. Frauen und Kinder laufen uns weinend, Fotos ihrer Lieben in den Händen, entgegen. Wer kennt ihn? Wo ist er? Lebt er noch? Angstvolle Fragen, die keine Antwort finden.

Am Westbahnhof erfolgt die Verladung in uralte Waggons. Es geht wirklich Richtung Westen. Zweifel und Ängste schwinden nun gänzlich. Der Zug hält an der Enns, die Brücke ist gesprengt. Die Grenze zu den amerikanischen Soldaten entlang der Enns ist streng bewacht. Doch nur hinaus ins Freie! Mit einem Trupp bahnen wir uns einen Weg entlang der Enns zur Donau. Hier finden wir einen guten Kerl, der uns an das nördliche Ufer hinüberrudert. Wir sind aber immer noch in der russischen Besatzungszone. Nun hasten wir weiter entlang der Donau in Richtung Urfahr. Eile und Hoffnung treiben uns zum Einsteigen in eine Tramway. Mit unserem Entlassungsschein wähnen wir uns ja zum Überschreiten der Demarkationslinie sicher. Doch halt! Am nördlichen Brückenkopf steigen Russen zu. Sie haben keine Ahnung von der Entlassung österreichischer Gefangener. Der schlichte Entlassungsschein wird nicht anerkannt. Die ängstlichen Österreicher in Soldatenuniform werden aus der Tram getrieben. Ich selbst nehme meine Soldatenmütze vom Kopf, setze mich darauf und bleib seelenruhig sitzen. Um mich herum herrscht ein laut gestikulierendes Durcheinander. Freilich hilft dazu auch mein Äußeres. Als Einziger der 22.000 Gefangenen im Lager darf ich meinen blonden Kinnbart stehen lassen.

Mit couragierten Schaffnerinnen wird sogleich in Linz eine Hilfsaktion gestartet. Wolldecken werden besorgt, die von den Bänken der Straßenbahn bis zum Boden reichen. Darunter werden bei den folgenden Fahrten die Kameraden versteckt und über die Donau gebracht. Ein Teil der Erschreckten flüchtet nach Ottensheim. Hier werden sie mit Kähnen an das südliche Ufer gebracht.

Nun ist es Nacht. Ich stehe draußen vor den Toren der „Irrenanstalt Niedernhart". Amerikanische Soldaten lungern umher, und sind geschäftig in ein Gespräch mit „Lieben Mädchen" verwickelt. Die beste Gelegenheit wird abgewartet. Husch geht es hinein in den Park der Heilanstalt. Hier finde ich nämlich Quartier für die Nacht bei der Familie meines Schwagers, der hier als Arzt arbeitet.

Frühmorgens wandere ich auf Seitenwegen nach Wels, immer Ausschau haltend nach einer Fahrgelegenheit. Da steht, es ist später Nachmittag, in einer Seitengasse von Wels ein Transportauto der Rieder Spedition Zeilinger. Es wird Schnittholz verladen. Frohen Herzens helfe ich mit und hocke mich dann voll Freude und Dankbarkeit zwischen die Holzstapel. Amerikanische Kontrollen geben freie Fahrt. In Ried beim Koblederbergerl, einst Spielplatz meiner Kindheit, hüpfe ich vom Wagen.

Ist alles gesund? Sind alle zuhause? Mit klopfendem Herzen steige ich die Stiege zur kleinen Wohnung meiner Eltern hinauf. Trauliche Musikklänge und gedämpftes Sprechen strömen mir entgegen. Vor der Tür zur kleinen, trauten Wohnküche mit der Eckbank um den Tisch, bleibe ich tiefatmend stehen. Da höre ich die Stimme meines Vaters: „Wenn doch Wiggi heute bei uns sein könnte!" Es ist der 25. August, 8 Uhr abends. Es ist Namenstag: Ludwig! Festtag von Vater und mir.

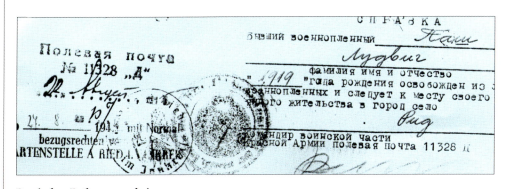

Russischer Entlassungsschein

Daheim

Lfd. Nr.	Schießklasse	Dienst-grad	Name	Bedingung	Ergebnis											Schuß-zahl	Bedin-gung erfüllt	Bemer-kungen
					1	2	3	4	5	6	7	8	9	10				

Noch im russischen Lager mache ich mir Gedanken über das Leben im neuen Österreich:

„Mir ist freilich klar, dass diese Reinigung des inneren Menschen am schwierigsten ist. Der äußere Aufbau kostet lediglich Schweiß. Die Wiedergeburt des österreichischen Menschen heißt Kampf gegen das eigene Ich. Was im Menschen durch den siebenjährigen Siegeszug der Lüge, der schamlosesten Propaganda und den sinnlosesten Versprechungen vernichtet ist, ist unermesslich … lerne Glauben!"

Nach notdürftigster Instandsetzung der Schulen beginnt am 17. September 1945 der Unterricht. Da stehe ich nun als junger Lehrer vor den 10- bis 15-jährigen Schülern der Knabenhauptschule meiner Heimatstadt, froh, voll Begeisterung und voll Optimismus. Statt eines hocherhobenen Zeigefingers über menschliches Versagen l e b e ich Freude, Menschlichkeit und Hilfsbereitschaft. Die satanische Vergangenheit ist bewältigt. Geschichte holt mich nicht ein. Ich versuche einen Beitrag zur Menschlichkeit zu leisten.

Zu den 31 Schulstunden, die ich unterrichte, sammle ich eine Schar von Buben um mich, forme sie zu einem Knabenchor und bringe Österreichs Lied, Tanz und Musik in die Herzen der Verzagten, Gequälten, Enttäuschten.

Auch die höchst misstrauischen amerikanischen Besatzungssoldaten, aus de-

nen trotz kriegerischer Rauheit eine große Kinderfreundlichkeit strahlt, sollen unsere Lebensart, unser Lebensgefühl, unsere Kultur der Menschlichkeit kennen lernen.

Schon in den ersten Adventtagen des Jahres 1945 wandere ich mit meinen „Schulspätzlein" zu den Bewohnern des Altenheimes und des Armenhauses in der Kellergasse, ausgerüstet mit selbstgebastelten Kripperln, mit Kerzen und Tannenzweigen. Ein Krippenspiel mit Herbergsuche steht ja auf dem Programm. Hirtenbuben sind in der einfachen Kleidung des Alltags an den „Goaßbuamhüterln" und einem Hirtenstab zu erkennen. Drei Buben sind als Wirte verkleidet, die dem Flüchtlingspaar Josef und Maria Herberge verweigern. Norbert, ein schmales 10-jähriges Bürschlein spielt den Jesusknaben.

So wandern wir von der Knabenhauptschule in der Thomas-Senn-Straße über Promenade und Hochfeld zu unserem Aufführungsziel. Über 30 Buben, schön brav zu zweit eingeteilt, ergeben eine lange Reihe. Von der Zugspitze überschaue ich manchmal die frohgestimmte Schar. „Schön beisammenbleiben!" Ein kleiner Schreck durchzuckt mich dann doch. Am Zugsende sehe ich das „zarte Jesulein", bewaffnet mit einem leicht zerbrechlichen Holzkreuz, auf die Hirtenbuben einschlagen. Schnell ist die „fromme" Bubenschar beruhigt. Schwester Avita vom Krankenhaus begrüßt uns herzlich und stimmt die alten Bewohner und die jungen Buben auf das fromme Singen und Spielen ein.

Von den Amerikanern ist die ganze Schuljugend der Stadt in die Jahnturnhalle eingeladen. Auch hier erklingen Lieder und Sprüche aus frohen Bubenkehlen. Hirtentanz mit Stampfen und Sprüngen lassen die Bühnenbretter erzittern. Der amerikanische General Capt. Mead bedankt sich herzlich. Für alle gibt es Kuchen, Kakao, Schokolade.

Am 17. Dezember 1945 singen wir in der Stadtpfarrkirche von der Empore aus adventlich-weihnachtliche Lieder. Es ist dies das erste Adventsingen, das in den folgenden Jahrzehnten eine traditionelle Ausformung findet.

Wie schaut es aber mit dem Zusammenleben von Menschen unserer Kleinstadt aus. Jeder kennt doch jeden. Das Gespenst der Angst geistert noch lange umher. Es fehlt an Vertrauen. Neid und Hass müssen durch gemeinsame Anstrengungen zum Aufbau bewältigt werden. Es hat ja noch nie eine Partei so abgehaust wie die NSDAP. Ruinenschutt ist überall zu sehen, zu spüren, zu atmen.

Leider sind auch Bürger unserer Kleinstadt verantwortlich für den Mord an einer jüdischen Bürgersfrau, eines tiefgläubigen Gendarms,[1] eines überzeugten Kommunisten.

Freilich erlebt in den Tagen des Terrors die Stadt auch Lichtblicke. Anzeigen von Radikalen werden von besonnenen Parteimitgliedern nicht weitergeleitet und Fürsprachen beim gestrengen Kreisleiter vorgenommen.

Während des Krieges kommt eines Tages mein Bruder Herbert in der Mittagszeit von der Schule nicht nach

Hause. Auf Forderung der Hitler-Jugend-Führung wird er wegen HJ-Dienstverweigerung in den Gemeindearrest gesperrt. Meine empörte Mutter hängt sich das „Goldene Mutterkreuz" um, marschiert in die Wachstube des Rathauses, reißt sich das Kreuz vom Hals, schleudert es vor die Füße der verdutzten Wachebeamten und schreit: „Wenn der Bub nicht in einer Stunde zu Hause ist, wird die Stadt etwas erleben!"

Mutter macht kehrt und stapft wütend nach Hause. Inzwischen eilt aber einer der Polizisten zum Gemeindekotter. Herbert schläft seelenruhig. „Herbert, Herbert, schnell aufstehen, lauf gleich heim. Deine Mutter macht schon einen großen Wirbel."

In den für Menschen am Ende des 2. Jahrtausends unvorstellbaren Umbruchstagen müssen von den Verantwortlichen der Stadt größte Anstrengungen unternommen werden:

Dazu ist eine funktionierende Verwaltung nötig. Mit den letzten Kriegstagen sind aber alle Karteien und wichtigen Papiere vernichtet. Trotzdem müssen die ersten Wahlen nach dem Entsetzen für 25. November 1945 vorbereitet werden. Die öffentliche Sicherheit muss neben den argwöhnischen amerikanischen Soldaten mit eigenen Organen gewährleistet sein. Plünderungen, Denunziationen, Schwarzhandel sind in kontrollierte Bahnen zu lenken.

33.011 Menschen versuchen in diesen Tagen in Ried zu überleben. Das große Flüchtlingsproblem ist einer Lösung zuzuführen.

Vom September bis Dezember 1945 werden 21.655 Flüchtlinge in ihre Heimatländer zurückgeführt: 10.717 Volks- und Reichsdeutsche, 4526 Österreicher aus den russisch besetzten Gebieten Wien, Niederösterreich, Burgenland, 5205 Ungarn und kleine Gruppen aus Jugoslawien, Tschechoslowakei, Polen, Rumänien und Italien.

Ein funktionierendes Gesundheitswesen benötigt Medikamente, Impfstoffe, Desinfektions-, Ungeziefer- und Rattenbekämpfungsmittel. Die Versorgung mit Lebensmitteln, Heizmaterial, Textilien und Schuhen bereitet große Anstrengungen, genauso wie die Trinkwasser- und Stromversorgung. Täglich wird der elektrische Strom 2 Stunden abgeschaltet. Für 1000 Schulkinder wird eine Gemeinschaftsküche im Schulgebäude eingerichtet.

Der Mangel an willigen Arbeitskräften, Rohstoffen und Werkzeugen steht einer großen Kauflust gegenüber. Das geflügelte Wort macht in der Stadt seine Runde: „Habn ma net, habn ma net. Mausfalln gibts." Selbst für Klein- und Kleinstkinder fehlt das Nötigste. Demarkationslinien erschweren das Wirtschaftsleben. Der Gütertransport per Eisenbahn über die russische Besatzungszone ist mehr als unsicher. Kompensationsgeschäfte mit ausländischen Firmen sind fast unmöglich.

Die Umstellung von der Markwährung auf Schilling im Dezember 1945 (für 1 RM gibt es 1 S) bedeutet wohl eine Zunahme der Spareinlagen, der größte Teil davon bleibt aber auf blockierten Konten liegen.

Wie leicht machen es sich da junge Zeitgeschichtler bei ihrem Urteil über Menschen der Schreckensjahre. Sie haben keine Ahnung von deren Wollen, ihrem Irren, Helfen und ihren Sorgen. Sie wissen nichts vom gegenseitigen Klagen und Verzeihen, ihrem Ringen nach Menschlichkeit. Inmitten der Wirrnisse steht der Mensch, nicht blindlings hineingeworfen in diese unsere Welt, sondern ausgestattet mit der Fähigkeit, Böses zu erkennen und Gutes zu tun.

Vergangenheitsbewältigung fordern nur menschenverachtende Psychologen, Soziologen oder geldgierige Anwälte für Nachkommen Ermordeter, Beraubter, Gedemütigter.

Heimkehrerwallfahrt nach Maria Schmolln

Mutter des Lebens

Seit dem Jahre 1920 wandern Männer von Ried und der weiteren Umgebung jährlich in den ersten Tagen des Monats Mai zu einem Innviertler Ort, mitten im Kobernaußerwald – Maria Schmolln. Ein 30 km langer Weg führt über Straßen und Wiesensteige, zwischen Feldern und Äckern, vorbei an blühenden Obstbäumen. Es ist eine fröhliche Schar von Betern, bei Sonnenschein schweißgebadet, bei Wind, Regen und Schnee sturmgepeitscht durchnässt. Der Rosenkranz baumelt von der rechten Hand herab und gleitet zwischen Daumen und Zeigefinger. Er hilft beim Zählen: … Gegrüßet seist du, Maria …

Zwischen den Jahren 1938 bis zum Jahre 1945 sieht man die gefalteten Hände von Wallfahrern nicht. Sie sind in eine Welt verbannt, dem Bösen mit Schrecken, Mord, Hass und Angst verschrieben.

Im September des Jahres 1946 ist es aber wieder so weit. Freilich muss in diesen kargen Nachkriegsjahren vieles vorbereitet werden. Unser Innviertel ist von Amerikanern besetzt, die natürlich einer Ansammlung ehemaliger „feindlicher Soldaten" argwöhnisch gegenüberstehen. Bei der Lebensmittelknappheit ist für einige hundert Menschen vorzusorgen. Krämer, Bäcker, Fleischhauer und Brauereien des Bezirkes Braunau und Ried werden bittend besucht. Im kleinen Wallfahrtsort sind viel zu wenig Übernachtungsmöglichkeiten. Neben einigen Betten stehen Heustadeln und Wirtshausbänke zur Verfügung.

Notizbuch 1946

Am Samstag, 8. September 1946, erklingen um 7 Uhr früh beim Dankgottesdienst in der vollbesetzten Stadtpfarrkirche zu Ried aus kräftigen Männerkehlen Schuberts Weisen: „Wohin soll ich mich wenden, wenn Gram und Schmerz mich drücken." Ein sichtlich beeindruckter Dechant Riepl erteilt seinen Segen auf dem Weg zur Gnadenmutter.

Unter den Klängen der Tumeltshamer Musikkapelle geht es nun durch die Stadt hinaus in unsere herrliche Landschaft. Der erste Rosenkranz erklingt freudig, dankbar.

Was wollen wir mit unserer Wallfahrt ausdrücken?

1. Wir lösen ein Versprechen ein, abgegeben in Todesnot, aus der es, menschlich gesehen, kein Entrinnen gibt.

2. Wir statten unseren Dank ab für glückliche Heimkehr.

3. Unsere Bitten gelten den Familien und dem Land.

In Mehrnbach erwarten uns schon Kameraden beim Kriegerdenkmal. Ein kurzes Gedenken, ein „Vater unser", dann geht es betend und plaudernd über den Federnberg und Kraxenberg, vorbei an der Ziegelei, nach Mettmach. Glockengeläut und Marschmusik geleiten uns durch das Spalier der Schulkinder zum Denkmal der Gefallenen.

Bei Dünnbier, Maggi-Würstelsuppe und etwas Brot wird Mittagsrast gehalten. Freilich hat so mancher von zu Hause etwas Speck und ein Fläschchen mit wohlriechendem „Zwetschgern" im Rucksack, in dem sich auch Socken zum Wechseln befinden.

Durch Aspach und Höhnhart erklingt österreichische Marschmusik aus den Instrumenten der braven Tumeltshamer. Es ist schon eigenartig, wie Trompeten und Posaunen, Klarinetten und Trommeln schlürfende Schritte und hängende Köpfe aufrichten können. Von Müdigkeit ist, zumindest nach außen hin, nichts zu sehen.

Wenn dann auf dem Wald- und Wiesenweg vom Gegenhang das Kirchlein von Maria Schmolln herübergrüßt, sind wir nur mehr eine Rosenkranzlänge vom ersehnten Ziel der Wallfahrt entfernt.

Um 4 Uhr nachmittags werden wir von der Geistlichkeit, den Ministranten mit Fahnen und Weihrauchfässern, der Musikkapelle und den Heimkehrern von Schmolln am Ortseingang empfangen. Im Gnadenkirchlein ertönt unser freudiges „Glorwürdige Königin, himmlische Frau". Beichtväter warten in ihren Beichtstühlen auf ein Gespräch von Mann zu Mann. Wir sind müde, aber glücklich, froh, befreit.

Um 7 Uhr abends wird eine festliche Maiandacht gehalten. Dann sammeln wir uns zum Gedenken an die Gefallenen beim Kriegerdenkmal. Der Bürgermeister von Maria Schmolln, der liebe Gastwirt Bachleitner, begrüßt die große Zahl der Wallfahrer. Schmunzelnd hören wir aus seinem Munde: „Und insbesondere begrüße ich den Fachlehrer aus Ried, der den 1. und 2. Weltkrieg organisiert hat." Na, da haben wohl die beobachtenden Amerikaner ihre Ohren gespitzt! Der Bürgermeister will aber in seiner Freude nur zum Ausdruck bringen, dass nach dem 1. Weltkrieg nun auch wieder Heimkehrer aus dem 2. Weltkrieg in seine Gemeinde pilgern.

Das abendliche Gedenken beim Kriegerdenkmal in Maria Schmolln am Samstag, 8. September 1946, ist den Menschen meiner Heimat gewidmet:

„Kameraden. Tief erschüttert stehen wir vor den vielen Gedenkkreuzen der gefallenen Kameraden dieses Gnadenortes. Vor unserem Geiste erstehen aber nun die Millionen Gräber der Gefallenen aller Länder, die Millionen Kreuze der in den Konzentrationslagern bestialisch ermordeten Mit-schwestern und Mitbrüder. Millionenfaches Weh und Elend, Tränen und Kummer der vergangenen Kriegsjahre tauchen in unserer Erinnerung auf, - auch Stunden der Verzweiflung und des Todeskampfes. Wir wissen ganz genau, wer uns aus der Hölle der Vergangenheit herausführte, wer uns in verzweifelten Stunden tröstete, lenkte und führte. Aus diesem Bewusstsein heraus finden wir uns ja heute bei unserer Mutter, der Mutter Gottes, der Mutter Österreichs, der Mutter der ganzen Menschheit ein. Bei unserem Dankgebet und Lobpreis gedenken wir aber besonders unserer Kameraden, die nicht mehr ihre Heimat sehen können, die fern ihrer Heimat das Leben lassen mussten.

Wie furchtbar ein solches Sterben, wenn man noch jung ist und mit frohem Lachen das Leben umfängt. Bitter schwer fiel aber den meisten der Tod, da sie noch dazu ihr heißgeliebtes Leben für eine Sache geben mussten, welche sie aus vollem Herzen ablehnten, ja sogar hassten. - Eine unsagbare Tragik - ein doppeltes Weh. Manche fielen in dem Augenblick, als ihr Vater, ihre Mutter oder ein Angehöriger der Familie in den Konzentrationslagern ermordet wurden, von Händen, für die sie an der Front kämpfen und sterben mussten. Sie alle stehen wahrhaft als heldenhafte Dulder vor uns!

Unser heißes Gebet gilt aber auch denen, die noch fern ihrer Lieben in der Gefangenschaft auf ihre Heimkehr warten, die noch ohne Trost den Tag ihrer Erlösung herbeisehnen.

Maria - sei du ihnen Fürsprecherin und Mutter, Trösterin und Samariterin der Schmerzen.

Vergessen dürfen wir aber in unserem Gebet nicht den Kriegspfarrer, Hochw. Herrn Spanlang, der alljährlich bis zum Jahre 1937 die Heimkehrer des Bezirkes Ried zur Gnadenmutter von Maria Schmolln geleitete, und der als Held und Märtyrer im Konzentrationslager Dachau einen furchtbaren Tod erlitt.

Sie alle, die das Morgenrot über Österreich nicht mehr aufgehen sehen, wollen wir nicht vergessen, sie alle wollen wir heute in unser heißes Gebet, das aus tiefstem Herzen kommt, ein-schließen. Ihnen rufen wir in aufrichtiger Treue und Kameradschaft zu:

Kameraden, wir vergessen euch nicht!"

Am Sonntag, 9. September 1946, feiern wir um $\frac{1}{2}$ 7 Uhr früh eine Gemeinschaftsmesse mit Generalkommunion.

Nach einem kargen Frühstück erfolgt der Auszug aus Maria Schmolln. Wiederum erklingen über die Waldlandschaft Glockengeläut und Marschmusik. Über Migelsbach geht es nach Mettmach zur Mittagsrast. Um $\frac{1}{2}$ 4 Uhr nachmittags ziehen wir über Riegerting zum Abschlusssegen in die Stadtpfarrkirche Ried, von unseren Lieben bereits freudig erwartet.

Was bedeutet nun dieses Brauchtum, dieses Schauspiel für Menschen, die es vollziehen, was für „nüchterne" Betrachter, für Spötter?

Wer das große Glück im Leben hat, von Mutterliebe, Mutterfürsorge getragen zu sein und damit Geborgenheit und Sicherheit auf seinem Lebensweg erfährt, wird am ehesten einen Bezug zur Mutter des fleischgewordenen Geist Gottes gewinnen.

Wie immer im Leben des Einzelnen, steckt der Wert des Lebensablaufes im Mittun, im Mitfreuen, im Mitleiden. Dieses Mitsein, dieses Hiersein, dieses Dasein ist erfülltes Sein des Lebens. Beobachten aus engem Blickwinkel der eigenen Augen - Abstand halten - Argwohn - ja, das führt nur zu einem Lächeln, zu Spott und Hohn.

„Was der Bauer nicht kennt, das frisst er nicht!" So einfach beginnt es, mit Hass gegen jedes Fremde endet es. Unsere modernen Massenmedien können im besonderen Maße Gehilfen des Nichttuns, des Nichttrauens, auf dem Weg in kalte Einsamkeit sein.

Meine Lieben, lasst euch nur eines sagen:

Dass es dich und mich gibt, dass wir in all unserer Vielfalt und Einmaligkeit den gemeinsamen Urquell, das Leben in uns beherbergen, ist der tiefste Gottesbeweis.

Unsere „moderne" Welt will das Mutterbild - Wärme, Nähe, Geborgenheit, Helfen, Dienen, Trost - tauschen für das Bild einer Managerin der Wirtschaft, Politik, Kirche, Lust.

1) Bez. Gend. Insp. i. R. Franz HEGER wird wegen Verbreitung religiöser Schriften (Wehrkraftzersetzung) am 24. November 1944 enthauptet, obwohl sein Sohn Gustav am 4. September 1944 an der Ostfront im 37. Lebensjahr gefallen ist. Das Gnadengesuch wird abgelehnt.

Im Laufe der Jahre wird der Weg nach Maria Schmolln verkürzt. Nach dem Gottesdienst im Kirchlein St. Anna geht nun der Weg über Gobrechtsham, die Alm, Riegerting, Scherwalling, Nösting nach Mettmach zur Mittagsrast. Um 13 Uhr ist Abmarsch. Der Weg führt über Parz, Ecking, Migelsbach, Aigertsham, Stegmühl, Höhnhart, Ainetsreit zur Heimkehrerkapelle, Perwart, Michelbach, Teich im Tal, Sollach nach Maria Schmolln. Mit der Einsetzung der Motorisierung und dem Aufblühen des Wohlstandes fällt auch der Rückmarschweg.

Schule in Sorge und Angst

Es ist Oktober 1951. Vor dem ÖVP-Club der Gemeindevertretung meiner Heimatstadt spreche ich im Nebenzimmer des Gasthofes Brunhuber (heute Firma Meinl) über unsere große Schulraumnot:

„Ich möchte ihnen am Anfang meines kurzen Referates eine Begebenheit schildern, die sich vor 100 Jahren in den Mauern unserer Stadt abspielt und die so recht die katastrophale Schulraumnot von Ried veranschaulicht: Der berühmte österreichische Dichter Adalbert Stifter wird im Jahre 1850 zum Inspektor der Volksschulen Oberösterreichs ernannt. Als solcher kommt er auch öfters in unsere Stadt, um die Schulverhältnisse zu inspizieren. Eine große Sorge ist ihm hier der ‚im bedeutenden Maße unzureichende‘ Zustand der Kreishauptschule in Ried im alten Bürgerspital am Stelzhamerplatz. Jahrelange Vorstellungen bei den Behörden unserer Stadt sind vergeblich. So sitzt er nun am 21. Oktober 1863 im Gastzimmer des Gasthofes Huber (Gärner) und schreibt bittere Briefe an seine Frau und einige Freunde. Ein tiefes Gefühl der Wehmut drückt sich in diesen Schreiben aus, sind doch seine 8-jährigen Bemühungen umsonst.“

Gasthof Huber (später Gärner)

In der Geschichte der Stadt Ried schreibt Dr. Franz Berger hierüber:

„Seit dem Brand vom 25. und 26. Februar 1854 war das Stadtbild von Ried stark verändert. Der Turm hat seine schlanke Holzkuppel eingebüßt und war noch immer bloß mit einem Notdach eingedeckt, gleichsam als wollten die Rieder damit sagen: Lieber Herr Schulrat, wir haben kein Geld, eine neue Schule zu errichten, wir können nicht einmal unseren Kirchturm ausbauen lassen. Fast zehn Jahre behelfen wir uns mit einem Notdach.“

Es wirkt nun erschütternd, wenn wir heute nach 100 Jahren gezwungen sind, in diesem für Schulzwecke unmöglichen Gebäude wiederum Klassen unserer Volksschule unterzubringen.

Was ist nun die Ursache des Hilfeschreies an die Mandatare mit Bürgermeister Matulik:

Der Knabenvolksschule mit 381 Schülern, aufgeteilt in 10 Klassen, stehen 4 Unterrichtsräume im Schulgebäude mit einer Klosettanlage, 2 Noträume in der alten ‚Feuerwehrschule‘ und ein kleiner Klosettraum zur Verfügung.

Die Mädchenvolksschule besuchen 263 Schülerinnen, 8 Klassen müssen in 5 Räumen und einem Handarbeitsraum im Dachboden des Schulgebäudes unterrichtet werden.

Die Mädchenhauptschule mit 330 Schülerinnen wird in 10 Klassen aufgeteilt. Die Schülerinnen können aber nur in 4 Schulräumen und drei Notunterkünften im Dachboden (Größe 6,5 x 4 x 2,3 m) unterrichtet werden.

Der Knabenhauptschule stehen für 600 Schüler, aufgeteilt in 15 Klassen, 8 Klassenräume (davon 4 klein) und ein Zeichensaal im Schulgebäude, ein Raum im Gymnasialtrakt und an Freitagen bzw. Samstagen Räume der gewerblichen Berufsschule in der Jahnturnhalle zur Verfügung. 2 Handarbeitsräume sind im Keller des Gymnasiums untergebracht. Nach je 2 Unterrichtseinheiten beginnt mit 300 Schülern beim Raumwechsel eine Völkerwanderung.

1574 junge Menschen werden in unserer Stadt in 22 Klassenräumen und 7 Notunterkünften in Kellern oder Dachböden unterrichtet. Zum Turnen wird in die Jahnturnhalle gewandert. Die Stadt hat aber auch großen Mangel an Fach-, Handels- und Frauenberufsschulen. Sie besitzt auch keine Musikschule. Zu den wandernden Pflichtschülern gesellen sich unsere Lehrlinge, die zu den entlegenen weiterführenden Schulen nach Linz, Wels, Mattighofen fahren. Als Vater und Erzieher rufe ich zum Abschluss meines Appells den Bürgern der Stadt ein Wort von Rückert, für sie abgewandelt, zu:

Lehrkörper der Knabenhauptschule 1950

Die Zukunft habt Ihr, Ihr habt das Vaterland.

Ihr habt der Jugend Herz, o wisst es, in der Hand.

Was Ihr für Euer Kind einpflanzt, wird Wurzeln schlagen.

Was Ihr dem zarten Zweig erbaut, wird Früchte tragen.

Am 17. September des Jahres 1955 weihen wir das neue Schulgebäude der Knabenhauptschule meiner Heimatstadt auf den Gründen des Klosters St. Anna feierlich ein.

Zur Schulraumnot kommt in den Nachkriegsjahren das Gespenst der Arbeitslosigkeit. Politisch belastete, aber bewährte Lehrkräfte drängen wieder in den Schulbetrieb. Lehrerinnen mit nur einjährigem Vertrag hoffen auf Wiedereinstellung und 150 Junglehrer vom Maturajahrgang 1952 warten auf Neuanstellung.

Als Landesjunglehrervertreter des Christlichen Lehrervereins stelle ich bei einer Protestversammlung am 11. Oktober 1952 fest: Durch geringe Geburtenrate und Abwanderung von Flüchtlingsfamilien sind gegenüber dem abgelaufenen Schuljahr in Oberösterreich 3800 Schüler weniger zu erwarten. Beim gegenwärtigen Schlüssel der Dienstpostenberechnung bedeutet dieser Schülerrückgang einen Verlust von 100 Dienstposten. Von der oberösterreichischen Landesregierung wird nun gefordert, dass die Wiedereinstellung von Vertragslehrerinnen und die Neuanstellung von Junglehrern nach sozialen Gesichtspunkten vorzunehmen ist. Bei dieser schwierigen Entscheidung stehen den verheirateten Kolleginnen in gesicherter Lebensposition 77 Junglehrer gegenüber, die entweder Voll- oder Halbwaise sind oder aus äußerst kinderreichen Familien stammen.

Die international-sozialistische Reaktion auf meine Forderung nach sozialer Gerechtigkeit ist unsachlich, gehässig.

Schule als Exerzierplatz für Politik und Wirtschaft

Es gibt wohl kaum in einem Staat eine geeignetere Institution, in der sich Politik und Wirtschaft im Kampf um die Ausbildungsstätten der Jugend widerspiegelt.

Wer die Jugend hat, hat auch die Zukunft.

Ja, und welcher Staat, welche Partei will nicht für alle Zukunft Bestand haben?

Vor der Gestaltung der Zukunft für Menschen muss aber das Ringen um die Erkenntnis von Sinn und Ziel des Menschseins stehen. Wahrlich keine leichte Aufgabe für Staatsmänner, die den Mut haben, Diener des Volkes zu sein. Machtgierige Herrscher können wohl für einige Zeit die Gegenwart im Griff haben, die Zukunft ist ihnen aber verwehrt.

Erstmals in der Geschichte der Menschheit entwirft in unserem Jahrhundert der Riesenkolonialstaat Sowjetunion ein Menschenbild ohne weltordnende, weltgestaltende Gottheit. Nackte, automatische Abläufe werden für die Formung eines neuen Menschen, den Sowjetmenschen, konstruiert. Die „Fabrik des neuen Menschen" lässt die russische Schriftstellerin Alexandra Rachmanova erschaudernd vor unseren Augen abrollen.

Da bin ich nun vom 6. bis 10. Juli des Jahres 1963 mit meinen „Schulspatzen" auf Konzertreise in Budapest. Eingeladen sind wir von der Kulturabteilung der „Karoly Marx Universität", der Zitadelle des Kommunismus in Ungarn. Nach einem Konzert in der Aula der Universität bittet mich der Rektor um ein Gespräch in seine Amtsräume. Dem dialektisch, politisch bestausgebildeten Leiter der Kulturabteilung macht er dabei klar, dass dieses Gespräch unter vier Augen stattfindet. Schon vor diesem Treffen bitten mich die ungarischen Studenten, jeder politischen Auseinandersetzung auszuweichen, um nicht die Verbindung zu meiner Gemeinschaft in Österreich zu gefährden.

DER ÖSTERREICHISCHE

LEHRER UND ERZIEHER

MONATSSCHRIFT DES BUNDES DEMOKRATISCHER LEHRER UND ERZIEHER ÖSTERREICHS

WIEN, IV., PRINZ-EUGENSTRASSE 12 – TELEPHON U 43-400

Bezugspreis für Nichtmitglieder: halbjährlich S 5.–, Einzelheft S 1.–, für Mitglieder gratis

Nr. 12   4. Jahrgang   Dezember 1952

Berta Bauer-Penka
Es darf nie wieder ein Lehrerinnenzölibat geben

So sitze ich dem hochkarätigen Hochschullehrer Ungarns gemütlich gegenüber. Wir schwelgen von der eigenen Studentenzeit, von beiden in ärmlichen Verhältnissen erlebt. Wir sprechen über unser Bemühen, nun als Erzieher junger Menschen selber Verantwortung zu tragen, von der Verstaatlichung der Betriebe in Ungarn und Österreich, dem konstruierten Erziehungsziel des Ostens und meiner Kulturauffassung. Auf meine besorgte Frage, wann wohl das Erziehungsziel des sozialistischen Massenmenschen erreicht ist, antwortet mir der Rektor, Leiter der kommunistischen Zitadelle Ungarns, verschmitzt lächelnd: „Die Optimisten meinen in hundert Jahren!"

Noch im letzten Jahrzehnt unseres Jahrtausends, nach dem totalen wissenschaftlichen und wirtschaftlichen Zusammenbruch internationalsozialistischen Gedankengutes, geistert in Soziologen und Schulpolitikern noch immer die Forderung nach Gemeinschaftsschule, Gesamtschule und Schulzentren.

Mit dem österreichischen Schulgesetz vom Jahre 1962 beginnt die Völkerwanderung von einem überschaubaren Lebensbereich in die Massenproduktion. Die Volksschuloberstufe hat ausgedient, Alt- und Neubauten der Volksschulen in unseren Orten sind verwaist.

Unsere Jugend vom 10. bis zum 14. Lebensjahr kommt aus den behütenden Händen einer Dorfgemeinschaft und findet sich im Lärm, in der Anonymität der Stadt wieder. Der Weg zur Schule mit seiner Plage, mit seinen Freuden und seinen Gemeinschaftserlebnissen, seiner natürlichen Bewegungstherapie und gesunden Atemtechnik, ist nun umgeformt in bewegungsarme Schulbuserlebnisse, Begegnungen mit Massenängsten, Massenhysterie und kalter Einsamkeit im Stau des Lebens.

Meine Heimatstadt ist nun Schulstadt. Zehn Jahre nach dem Wirksamwerden des Schulgesetzes 1962 besuchen bereits über 5000 Schüler die Ausbildungsstätten von Ried:

1973 befördern täglich 11 Autobuslinien 1500 Schüler und 1000 Arbeitspendler in die Stadt. Dazu kommen noch 600 Privatfahrzeuge für den reinen Pendlerverkehr.

HAUPTSCHULEN IM BEZIRK RIED	seit	1921	OBERNBERG
		1964	ST. MARTIN und WALDZELL
		1965	EBERSCHWANG
		1969	TAISKIRCHEN
		1970	METTMACH
		1971	GEINBERG
		1972	AUROLZMÜNSTER

DIE SCHULSTADT RIED MELDET IM JAHRE 1975

Volksschule 1 (nun Roseggerschule)	313
Volksschule 2 (Waldmüllerschule)	199
Volksschule 3 (Riedbergschule)	209
Knabenhauptschule (Brucknerschule)	805
Mädchenhauptschule (Roseggerschule)	343
Allgemeine Sonderschule	160
Privatmädchenschule (Klosterschule)	247
Bundesgymnasium	895
Mus. Pädag. Gymnasium	423
Handelsschule	305
Handelsakademie	256
Bildungsanstalt für Kindergärtnerinnen	224
HBLA (Bildungsanst. f. Wirtsch. Berufe)	112
Kaufmännische Berufsschule	254
Gewerbliche Berufsschule	267
Musikschule	388
GESAMTSUMME d. SCHÜLER	5400

Im Mittelpunkt das Kind

Für die Schulinspektion ist meist die fein säuberlich geschriebene Vorbereitung des Tages-, Wochen- und Monatsplanes mit Tafelbild am wichtigsten. Damit kann man als Lehrer glänzen, kann eine vorexerzierte Schulstunde hinzaubern.

„Heute wollen wir von der Kuh sprechen" - „Heute wollen wir die Geschichte auf Seite 12 lesen" - „Heute wollen wir Bruchrechnen." Wollen wir?

An der Außenwand eines Schulgebäudes steht groß, mit Farbe hinaufgesprüht:

„Die Lehrer wollen von uns das Beste - wir geben es ihnen aber nicht!"

Nach der Heimkehr aus der russischen Gefangenschaft schwirren im Laufe von Jahrzehnten Parolen über die Häupter von Lehrern, Erziehern: Arbeitsschule - Lernschule - Erziehungsschule - Kreide in die Hand des Lehrers - Kreide in die Hand des Schülers - Frontalunterricht - Selbsttätigkeit - Gruppenarbeit - Hausarbeit - Projekterarbeitung - Ganzheitsmethode - Unterricht in Klassenzügen - Unterricht in Leistungsgruppen - Integrations- und Reformierte Schule - Lehrplan 99.

All diese verschiedenen Arbeitsmethoden und Lernprozesse erlebe ich anschaulich im ärmlichen Elternhaus, immer abwechselnd, je nach Situation und Notwendigkeit, aber niemals einseitig, verabsolutiert. Meinen nichtstudierten Eltern ist eines klar: Nicht der Lehrstoff steht im Mittelpunkt des Unterrichtens, des Unterweisens, sondern das Kind.

Das Kind ist geprägt vom Elternhaus, vom Stückchen Heimat, von der Umwelt, in der es das Gefühl bekommt, dass es anerkannt ist, dass es gebraucht wird. Heimat, Schule, wo ich Freude nicht nur egoistisch erleben will, sondern Freude schenken kann. Freude erleben durch Freude geben!

Geliebtes Kind - frohes Kind - neugieriges Kind!

Da beten wir als Einstieg zum frohen Erleben zu einem Vater, der uns behütend in den Armen hält, oder wir singen ein frohes Morgenlied, erzählen von Freud und Leid in der Nachbarschaft.

Wir alle sind neugierig, was sich wohl aus der Einleitung entwickelt.

Geliebtes Kind - neugieriges Kind - hellwaches Kind.

Nun ist Platz geschaffen für den Lehrstoff. Ach ja, der Lehrstoff:

Passt er für den jeweiligen Entwicklungsstand? Ist er so vorbereitet, dass sich das Neue wie von selbst aus dem vorher Erarbeiteten herausschält?

Gerade in den Jahren nach Krieg, Terror, Lüge, Mord steht vor mir die Frage: Darf ich als Ankläger vor den Kindern stehen? Muss ich nicht vielmehr dem Hass meine ganze leidensfähige „Liab" zum Menschen offenlegen?

Mein Gott, was stellen da unsere Zeitgeschichtler und Politologen für bösartige Überlegungen in den vergangenen Jahren an. Die Kinder dieser Nachkriegsjahre bekommen in ihren jungen Jahren viel mehr mit, als diese Historiker nur ahnen:

Gefühlsarme Umgebung, vaterloses Elternhaus, Front- und Arbeitseinsatz von Geschwistern, Grauen auf der Flucht, Fliegeralarm, Nächte im Keller ergeben eine liebeshungrige Jugend, die keine Drohgebärden mehr verträgt. Dazu kommen nun nach dem Krieg unsichere, furchtsame, gedemütigte Eltern, Lehrer, Erzieher und Vorgesetzte.

Eines Tages besucht mich der Bezirksschulinspektor in einer Gesangsstunde. Dem Brüllen von Marsch- und Kampfliedern der vergangenen Zeit ist mit Stimmbildung und Atemtechnik liebevoll zu begegnen: Mit lustigen Texten wird das Singen der Tonleitern mit klangvoller Vokalbildung geübt.

A Abraham a Santa Clara

E Seht die schneebedeckten Felder

I Sieh wie spitzfindig Lilli ist

O Komm o Otto von Oborto

Nun will ich aber auch noch das rrrollende RRR hören:

Roland der Riese am Rathaus zu Bremen!

Entsetzt bittet mich der besuchende Inspektor hinaus auf den Schulgang und meint, dass ich das Einlernen von Naziliedern unterlassen soll.

Unsicherheit, Unbehagen, nur nirgends anstoßen. Bis in unsere Tage hört man noch rundum: „Sagst was, bist glei a Nazi!"

Vor der Wissensvermittlung steht die Aufbereitung der Gefühlswelt des Kindes. Aus dieser Öffnung der Seele bricht leichtes Lernen mit Freude in Freiheit hervor.

Als Klassenvorstand bin ich immer bemüht, so viele Lehrfächer als möglich in der Klasse unterrichten zu dürfen. Dadurch kann ich mit den Schülern zu einer Familie zusammenwachsen.

Gleich nach dem Krieg bin ich für meine „Buam" der Knabenhauptschule der „Reserve-Christus". Seit meiner Gefangennahme im Mai 1945 habe ich mich ja nicht mehr rasiert. Ich will dies erst dann tun, wenn meine Brüder und Schwäger glücklich in der Heimat landen. Selbst im russischen Lager mit 22.000 Gefangenen wird mein Vorhaben respektiert.

Das Klassenzimmer bedeutet für mich Wohn- und Arbeitsraum. Darin müssen viele herangezüchtete Pflanzen gehegt und gepflegt werden. Sie atmen nicht nur Kohlendioxyd ein und Sauerstoff aus, sie bringen in unsere Arbeitswelt Heimat.

Eine gepflegte Umgebung ist aber auch ein herrliches Hilfsmittel zum Erreichen eines gepflegten Schriftbildes.

Schulausflug Salzbergwerk Dürnberg, 18. Juni 1952

Saubere Schrift verhindert leichter Fehler beim Schreiben und Rechnen. Heute höre ich mich noch sagen: „Ich bin ja kein Schweinehirt, um in Deinem Saustall herumzuwühlen".

Ein Bub aus Mehrnbach kommt zu uns in die Knabenhauptschule. Seine Schülerbeschreibung meldet einen Arbeitsunfall auf dem Bauernhof. Die rechte Hand hat nur mehr Fingerstummel. Die Schrift ist daher ungelenk.

„Lieber Alois", meine ich zu ihm, „Bauernarbeit wird Dir später wohl sehr schwer fallen. Wie wäre es mit einer sauberen Schrift und Zeichnung? Wir beide helfen zusammen." Heute ist mein „Alois aus Mehrnbach" Baumeister.

Bei meinen Wanderungen in der erholsamen Umgebung der Stadt treffe ich in Mauler bei Hohenzell ein Mütterlein vor ihrem „Sacherl". Ihr Bub ist in meiner Klasse. Vor dem Schlafengehen erzählt er oft von Kurzgeschichten, die ich zur Auflockerung des Unterrichtes dramatisch erzähle. Die Geschichte handelt vom „Fliegenden Much", einem armen Araberjungen, der durch seine Hilfsbereitschaft Freunde um sich schart, Abenteuer glücklich übersteht und so zu Ehren und Ansehen kommt. Die Erlebnisse von „Freund Langnas, Freund Langohr und Freund Dickbauch" helfen mir bei der sozialen Aufbereitung des Lehrstoffes. Daheim, in der abendlichen Stille des kleinen Häuschens, ohne Radio und Fernsehen, sind Mutter und Kind eingebunden in das Wirken und Wollen der Erziehungsstätte.

Wissen – Bildung – Erziehung

Gar oft höre ich in meiner mir liebgewordenen Umgebung das Urteil über „wissensdurchtränkte" Mitmenschen: „Ja, er weiß alles, aber Bildung hat er keine." Die intellektuellen Fähigkeiten eines Menschen lassen wohl Wissenschaft und Technik explodieren, der Mensch in seiner Gemütswelt muss aber Schritt halten, Antwort geben und Verantwortung übernehmen können; dies für sich und die Welt, in die er hineingeboren ist, in der er   d a ist. Vieles ist ja, für sich allein gesehen, machbar, aber es darf nicht aus dem gesamten Lebensbereich herausgerissen werden.

Das Leben beinhaltet mehr als Chemie und Technik. Es folgt nicht nur einem automatischen Ablauf. Aus der Schlucht zwischen Wissen und Gewissen quillt Angst, die sich in der Masse multipliziert und nach außen drängt. Machtgierige Herrscher sind Virtuosen auf diesem Instrument.

Im 3. Jahrtausend unserer christlichen Zeitrechnung muss eine moderne, computererfüllte Schule zur Jugend, zu Produktionsstätten, zum Arbeiter kommen und nicht umgekehrt. In überschaubaren Lebensräumen muss Gelegenheit geschaffen werden Wissen, Forschung, Arbeit mit der Gefühlswelt in Einklang zu bringen. Der Massenmensch in Schul- und Produktions-zentren, der auf Massenwanderung befindliche Pendler ist Entwurzelter, kein Lebenserfüllter. Der Stau auf Wegen, Straßen, Autobahnen und der Stau in den Herzen von Menschen fördern die Entwicklung lenkbarer Massen. Im Stau des Lebens entzünden sich irrationale Kräfte und Ängste.

Der Mensch, der sich in seiner Umwelt wohl fühlt, sich als Mensch bestätigt fühlt, wird seinen Lern- und Arbeitsprozess positiv bejahen. Wissen und Bildung dürfen nicht hintereinander, sondern in einem gemeinsamen Prozess, ganzheitlich, geschult werden.

Nun ist das Leben aber nicht nur Wonne, Freude, Freiheit. Es bringt nicht nur Lob, Anerkennung, Duldung. Es gibt Wärme, Kälte, Sonnenschein und Frost, gute und schlechte Tage. Ein erfülltes Leben ist voll mit Lachen, Tränen, Freude, Langeweile, Humor und Angst. Die Stimmung überrieselt uns einmal hochjauchzend, dann wieder zu Tode betrübt.

Die Schmerzgrenze ist für vom Wohlstand Verwöhnte schnell überschritten, für die vom Schicksal geprüften, gläubigen Menschen ein elastisches Schmerzensband.

Gefordert ist eine Erziehung zum Mitmenschen, der seine Umgebung nicht nur sieht, sondern sie auch annimmt, manchmal freudig, manchmal geduldig, dann wieder schmerzlich, abweisend. Die eigenen Grenzen müssen kennengelernt, die Freiheitsgrenze des Nächsten muss anerkannt werden.

Freilich müssen da alle mithelfen: Elternhaus, Schule, Umfeld.

„Was Hänschen nicht lernt, lernt Hans nimmermehr!"

Eine ganze Palette von Erziehungsmöglichkeiten entwickeln die Eltern in meiner Kindheit: Vater holt uns trotz Enge unserer Wohnung in eine Ecke. Unter vier Augen ermahnt er eindringlich, beschwörend. Sein ganzes Leben voll Verzicht klingt aus seinen Worten. Verweint und nachdenklich verlassen wir ihn.

Mutter aber, ha, die hat eine leichte Hand, ist temperamentvoll und stimmgewaltig. Da gibt es Schläge, da wird im Eck „Scheitl gekniet", da wird man aus der Wohnung gewiesen. Im Hintergrund steht aber fühl- und sichtbar Muttersorge, Mutterliebe.

„Dass du mir heute ja nicht mehr nach Hause kommst!" So erklingt der mütterliche Verweis bestimmt, aber mit dem Unterton der Sorge. So streune ich nun wie ein begossener Pudel durch die Stadt, hinaus ins Freie. Die verweinten Augen wollen keinen Menschen sehen. Mit dem Herannahen der Dunkelheit wird aber auch der Hunger immer größer. Mit leerem Magen sind eigene Schuld und mütterliche Sorge leichter zu erkennen. Der Entschluss zur Heimkehr wird drängender.

Die alten Holzstufen hinauf zum 1. Stock erklimme ich bange, mit klopfendem Herzen. Da stehe ich nun in der kleinen Küche, hungrig, auch reumütig. Vater wirft einen sorgenvollen Blick auf mich, Mutter erteilt das Kommando: „Sofort ins Bett!"

Verzweifelt lege ich mich nieder und krieche unter die Tuchent. Leises Gemurmel dringt von der Küche herein. Da zieht jemand sachte das Bettzeug vom armseligen Häuflein Elend. Die Mutter steht mit einer Schale Milch und einem Schmalzbrot vor dem Sünder.

„Warum musst du immer nachschnabeln, immer das letzte Wort haben?" „Mutter, in mir ist es da, als ob es brennen würde." „Ja so, da müssen wir halt die Feuerwehr holen", spricht es und verlässt den schmatzenden Wiggi.

Was machen wir uns doch oft wegen der paar asozialen Kinder in der Schule für qualvolle Sorgen und Ängste vor Eltern, Behörden und weltfremden Erziehungsregeln. Eines muss natürlich klar sein: Die Fürsorge muss bei allen Abwehrmechanismen gegen körperliche und seelische Schäden durch Mitmenschen für Täter und Geschädigte stehen.

Da steht die Mutter eines „Sargnagels" der Klasse vor mir und beklagt meine handfeste Erziehungsmaßnahme. Die ehrliche Beteuerung, dies sei nötig, weil ich ihren Buben wirklich gern habe und ich mir Sorge um seine Zukunft mache, entringt der Mutter:

„Ja so, dann können es auch noch mehr sein."

Schülertreffen des Jahrganges 1953/54 am 14. Mai 1994

Das antiautoritäre Geschrei unserer Tage, die antipädagogische Angst vor Strafmaßnahmen verantwortungsloser Konfliktlöser vermögen nämlich nicht asoziale Grenzüberschreitungen einzudämmen. In unserer Großfamilie lernen wir neben menschlicher Wärme auch Zucht und Ordnung kennen. Mit dieser von Elternliebe getragenen Erziehung überdauern wir kommunistische und nationalsozialistische Abarten.

Leben lernen

Für den Kauf von Blumen, Blüten oder Zimmerpflanzen fehlt in unserer Großfamilie das Geld. Wir Kinder holen uns die Natur von den umliegenden Wiesen, Stäuchern und Bäumen. Zu Ostern gibt es die genügsamen Gänseblümchen, Schneekaterln, Buschwindröschen, Schlüsselblumen und Leberblümchen zum Eierfärben, kriechenden Günsel für Zierschalen. Palmkätzchen, Segenbaum und Buchs nehmen wir für unsere kleinen Palmbuschen. Neidvoll bestaunen wir am Palmsonntag 3–4 m hohe Palmbäume, bestückt mit Kränzen voller Äpfel.

Vom Schweicklberg und von Angerwaschen herein zieht die Landjugend stolz bei uns vorbei in die Stadtpfarrkirche.

Nur in den Jahreszeiten ohne Schnee prangt die Blütenkrone der Natur in unserer engen Behausung.

Ein Stück lebendiger Natur erleben wir aber mit unserem Vater das ganze Jahr hindurch. Im kleinen Hinterhof stehen Kaninchenställe, sauber gehalten und mit Sorgfalt gepflegt. Gar viele Rassen von Kaninchen werden herangezogen: Große Belgische Riesen, Schecken, Widder mit den Hängeohren, weiße und blaue Wiener. Sie helfen der Mutter, die Familie mit köstlichem, leichtverdaulichem Fleisch zu verkostigen.

Was kann sie nicht alles herbeizaubern: Gebeiztes, Geräuchertes, Gesottenes, Gebratenes, Schnitzel und Gulasch. Für die hungrigen Mäuler muss

die Mutter freilich besonders viel Soße mit Erdäpfeln bereitstellen. Die gestreckte Brühe ist aber stets geschmackvoll gewürzt. „Sags selber, Wiggi, wenn doch alles drinnen ist, muss sie doch schmecken." So höre ich die Mutter gar oft sprechen. Vater ist aber auch ein anerkannter Hasenzüchter. Mit Vorliebe züchtet er kurzhaarige Rexarten in den verschiedenen Farben. Er hält im Kaninchenzuchtverein Vorträge und organisiert Ausstellungen. Im Rahmen des Rieder Volksfestes werden aufregende Hasenprämierungen durchgeführt. Vorher werden da die Tiere einer sorgfältigen „Kosmetik" zugeführt.

Es wird ja vieles bewertet: Farbe und Zustand des Felles und der Unterwolle, artgerechte Zeichnung des Felles, Haltung der Löffel, der Blume, Größe der Kopfkrone, Bewegungsablauf der Läufe.

Als Schreiber bei der Prämierung kann ich ja gar vieles beobachten: Große Sachkenntnis der Preisrichter, Stolz, Geduld, Freude und Enttäuschung bei den Züchtern. Allen gemeinsam aber ist die Liebe, Achtung und Verantwortung gegenüber der Natur. Dies birgt in sich lebensvolle Erziehungsarbeit gepaart mit Freude, erfüllt vom Wunder des Werdens und Vergehens.

Gar oft führt uns Vater zu einem Stall, der in diesen Tagen verdunkelt ist. Sorgfältig wird die Decke weggehoben, die Stalltür sachte geöffnet und ein zappelndes Lebensknäuel, verpackt in wärmende Mutterwolle, unseren Augen und Herzen vorgeführt. In diesem Augenblick wird nicht über das Gottesgeschenk LEBEN doziert, sondern hautnah, voll pulsierender Wärme gespürt, ergriffen, erlebt.

Aus der Kriegszeit ist mir ein Erlebnis in besonderer Erinnerung:

Während eines Heimaturlaubes besuche ich die Kleintierausstellung im großen Gastgarten der Rieder Kellerbrauerei. Vater spricht zum Abschluss über Sinn und Zweck der Kleintierhaltung in schwerer Kriegszeit. Er dankt den Züchtern für Ihre Liebe und Treue, den anwesenden Honoratioren für ihr Kommen. Dann stimmt er mit allen Züchterkollegen nicht das „Deutschland, Deutschland über alles", auch nicht „Die Fahne hoch, die Reihen dicht geschlossen", also die Pflichtlieder nach Veranstaltungen in dieser Zeit an. Nein, es erklingt inmitten der Gäste und der heimischen Tierwelt das Lied der Heimat, das Lied der Innviertler, das Lied Stelzhamers und Schnopfhagens, das nach dem Krieg zur Landeshymne ernannte „Hoamatland, Hoamatland, ih han di so gern".

Am 3. August 1962 feiern wir den 70. Geburtstag meines Vaters mit den Geschwistern, Verwandten, den musizierenden Schulspatzen. Der Kleintierzuchtverein Ried i. I. stellt sich mit einem besonderen Geschenk ein. Es ist eine prächtige Widderhäsin, tätowiert, mit einem „Stammbaum edlen Geblütes". Züchterfreude, Züchterstolz leuchten aus den Augen vom „Pasch-Opa". Nun muss natürlich in der ganzen Umgebung von Ried nach einem würdigen Rammler Ausschau gehalten werden. Ohne Gentechnik und

Unsere Familie 1948

Klonen soll die Pracht des Zuchtpaares weitervererbt werden.

Freudestrahlend berichtet eines Tages ein Züchterkollege von einem Prachtexemplar in Utzenaich. Für die „Hochzeitsreise" der Widder-Dame wird eigens ein transportabler Kleinstall gezimmert. Mit Kollegen wird die Reise zum Rammler angetreten.

In Utzenaich erfolgt eine herzliche Begrüßung und freudige Besichtigung des Begattungstieres. Ja, der Rammler wird für würdig befunden. Mit Streicheleinheiten werden sowohl die edle Häsin als auch der Prachtkerl von einem Rammler für den feierlichen Akt vorbereitet. Schließlich wird das Weib-

chen mit Sorgfalt in den Stall des Männchens gehoben.

Zum Entsetzen der anwesenden Züchter beginnt aber zwischen beiden nicht das erwartete Liebesspiel. Eine heftige Rauferei lässt den Stall erzittern. Was ist denn los? Wollfetzen fliegen umher, Blut, edles Hasenblut fließt in Strömen. Das von erfahrenen Züchtern ausgesuchte Geburtstagsgeschenk, das stammbaumgekrönte, tätowierte Widder-Weibchen ist ein wehrtüchtiges Männchen. O Schande!

Beschämt, niedergeschlagen verlässt Vater die Stätte des Grauens. Ab diesem Nachmittag findet man niemals mehr in seiner Nähe Hasen, einst Freunde beglückender Stunden.

Kultur

Menschenrecht

Der Präsident des Verfassungsgerichtes der Bundesrepublik Deutschland, Professor Wolfgang Zeidler, legt bei einer Tagung hochrangiger Juristen in Bittburg die akulturelle, modernistische Rechtsauffassung unserer Tage erschreckend vor Augen: Er sieht im derzeitigen Verbot der Tötung auf Verlangen eine „Insel der Inhumanität des kirchlichen Einflusses" und erwartet von der Verdrängung des Religiösen aus der Rechtsordnung einen menschlichen Fortschritt. Dieser „Wissenschaftler" bürgerlichen Rechtes bezeichnet das heranwachsende Kind im Mutterleib als ein „himbeerähnliches Gebilde" und eine „wuchernde Substanz der ersten Stunde". Merkwürdig. Die Grundsäulen jeglicher Kultur der Menschheit werden da als inhuman abgekanzelt. Tötung auf Verlangen, aber auch Vernichtug eines heranwachsenden menschlichen Wesens im Mutterleib - hier kann aber sicherlich nicht ein Verlangen des Kindes vorliegen - wird als human, also menschenfreundlich angesehen.

Moderne Frauen drücken diese unsozialen Kenntnisse etwas anders aus. Da hört man: „Mein Bauch gehört mir". Es wird die Forderung an die Krankenkassen gerichtet, Arztkosten für die Entfernung der „Wucherung im Mutterleib" zu übernehmen. Schließlich wird doch schon immer Abtreibung durchgeführt, nur können sich Frauen aus ärmlichen Verhältnissen keinen Arzt leisten. Sie sind einer „Engelmacherin" ausgeliefert. Die Reichen können sich da herrlich abhelfen. Mein Gott, welch Argumente! Freilich, es gibt immer schon Mord, Totschlag, Raub und Lüge. Nur wird dieses Fehlverhalten von Menschen auch mit dem Namen angesprochen. Heute wird all das Negative, das Böse im Leben mit einem sterilen Ausdruck verniedlicht.

In der „Moderne" fehlt das Wissen: „Was ist LEBEN?" Leben als chemisch-physikalischen - elektrischen naturgesetzlichen Ablauf zu bezeichnen, ist wohl modern, aber armselig, nackt.

Das leibliche Gerüst, Zellen, Gene bilden doch nur das Gefäß für Leben, der zentralen Kraft, der Energie, die nicht von unserer Leiblichkeit stammt, die im Einzelwesen ihre Einmaligkeit besitzt.

Jedes verordnete Menschenrecht muss auf den Grundsäulen menschlichen Lebens ruhen:

Recht auf Leben und Entfaltung der Einzelpersönlichkeit. Jede Rechtsprechung muss Lebenshilfe im Umgang innerhalb einer Menschengruppe sein.

In der „Moderne" der Rechtsprechung steckt unter dem Mantel der „Humanität", also der Menschlichkeit, der Menschenwürde, nichts anderes als gesellschaftsveränderndes Ordnungsprinzip. Nun kann man aber Menschenrechte nicht erfinden. Stets muss man sich anstrengen, Lebenshilfen aus dem Werden, dem Fortschreiten, der Weiterentwicklung des Lebens zu erahnen, herauszuschälen, zu finden. Menschliche Gesetze ohne gottgegebenes Naturrecht sind unmenschlich, menschenfeindlich. Die belächelten göttlichen Gebote sind aber nichts anderes als Empfehlungen, um ein glückliches Miteinander zu ermöglichen.

Sozialistische Wunschträume - ob national oder international - beruhen auf dem Willen zur Einheitlichkeit, zur Uniformität, zur Macht und zum Ruhm.

Politiker und Wissenschaftler müssen aber auf das innerste Gesetz von Leben Rücksicht nehmen und versuchen, innewohnendes Lebensgesetz zu schützen und auch zum Leuchten zu bringen.

Fehlverhalten von uns allen soll durch Rechtssprechung weder verschleiert noch verdrängt, verniedlicht werden.

Da nützt es doch nicht, das „Nein" zum Leben im Mutterleib einfach und schlicht „Fristenlösung" zu nennen. Es ist auch verlogen, die durch ungehemmte Sexualität grassierende „Aids-Krankheit" als „Immunschwäche" zu tarnen. Sehr gerne werden auch Mord, Raub, Lüge, Verwahrlosung, Drogensucht als Schuld der Gesellschaft hingestellt.

Leistungen, die zur Menschlichkeit beitragen, erfordern in unserer übersexualisierten Wohlstandsgesellschaft vom Einzelnen fast Übermenschliches. Die Lebensgier hat tausende Fangarme. Die moderne Frau wird als Ge- und Verbrauchsware angepriesen, gehandelt, konsumiert. Frauenrechtlerinnen schreien auf, wenn nur das Thema „Fristenlösung" diskutiert wird.

Sie horchen gar nicht auf das Wort „Leben". Voll Angst und Hass hört man ihren Ruf: „Wollt ihr wieder mit dem Einsperren beginnen?" Das ist es ja, wenn Unrecht zu einem modulierten Rechtsanspruch umgepolt wird, sanktioniert man negatives Verhalten gegen sich selbst und gegen die Umwelt. Der große Fehler steckt in der Unkultur der Gesetzgebung, getarnt als „Liberalität". Die Verantwortung über mein asoziales Verhalten lastet aber auf mir selbst. Das Umfeld kann Anstand, Aufrichtigkeit, Ehrlichkeit, Mut zum Dienen erschweren, genauso wie lebensverachtende Gesetze.

Wie kann man aber h e l f e n: Mit bloßen Anklagen bei diesem schwierigen Problem erreicht man gar nichts.

Da gilt es wohl zuerst, lebendiges Leben für die Umgebung sichtbar zu machen.

Der Tischlermeister und Poet aus Hohenzell, Josef Wolfgang Kettl, meint in seinem Lyrikband:

’S LEBM LEBM

Woaß net, wia ma is, schia ’s Herz tuat ma weh,
wia an Friahling de Sunn an bázwoachn Schnee. –
Wann ih denk, wia seh d’Leitln da rackern und schindn
und hudln und gschäftln und allmal eps findn,
daß vuil und daß mehra vodean vo den Geld,
mit dem s’ des Schen kriagn, des Guat áf da Welt.
So ráfn seh d’Leit ums Plagn und Banga,
als kunnt ea an andra des Glick wegafanga.
Wern blind und wern taub, wern kalt und wern stumm,
sehgn nimma de Bleamal und Liachta rundum.
Hern nimma de Liada, wo’s Herz friaha glacht,
ham koan Freid, koan Hamua, sehgn net d’Stern bo da Nacht.
Se steckan an Wirbö und lassn seh treibm.
Iat hams alls zun Lebm –
aba ’s Lebm lassns bleibm!

Viel Verständnis, Geduld und „Liab" sind da gefragt. Protestierende Beter vor Abtreibungskliniken sind nicht hilfreich. Die Zwiesprache mit dem Herrn ist ein Weg zur Hilfe aber nicht Mittel zum Protest. Hilfestellung jeder Art, besorgte Aussprache mit der werdenden Mutter und ihrer Umgebung, und großes Verständnis für die psychische Notlage sind nötig.

Ich habe in diesen Tagen das Gefühl, dass durch die neue Situation mit der Abtreibungspille Mifegyne ein Gespräch über Leben und Lebenlassen leichter möglich ist.

In einer Fernsehsendung „Zur Sache" geht es erst verwirrend hart zu. Wieder klingen Vorurteile über werdendes, reifendes, vollendetes menschliches Leben durch, wird Recht und nicht Verurteilung eingefordert. Frauenrechtlerinnen treten befreit, forsch, bedenkenlos auf. Da bittet nun der Leiter der Runde eine Reporterin, von ihrer eigenen Situation zu sprechen. Sie erlaubt ihm vor der Sendung, über ihre eigene Abtreibung befragt zu werden. Ein völlig verändertes Gesprächsklima tritt damit ein. Die forsche Frauenrechtlerin wird zu einer zögernden, gehemmten Sprecherin. Es tritt augenscheinlich eine große Verwirrung, seelische Belastung durch das „Nein zum Kind" hervor. Ihr „Nein", ob vom „Galan" oder den Eltern erzwungen, ob aus Angst vor der neuen Lebenssituation, ob aus Bequemlichkeit oder der gesetzlichen Möglichkeit, hinterlässt bedrückende Spuren.

Das oberste Grundrecht jedes menschlichen Seins ist doch die Erhaltung eines Menschenlebens, ob jung, gesund, alt oder krank. Dieses menschliche Grundprinzip muss jedes formulierte Gesetz eines Staates widerspiegeln. Das Gesetz muss ein Beitrag, eine Hilfestellung zur besten Entfaltung eines menschenwürdigen Gemeinschaftslebens sein. Rechte und Gesetze, die nicht für das Kulturleben eines Volkes eintreten, sind Unrechte. Sie verursachen psychische und physische Schäden, zerstören das Ich, das Du, das Wir.

In dem Jahrhundert, in dem ich leben darf, erleiden Gesellschaftsformen, die nicht vom Wertgehalt ihrer Kultur überzeugt sind, kläglichen Schiffbruch.

Sexualkoffer, Sexualerziehung in den Schulen mit einem Kondom als Spendenbeitrag müssen als Aufklärungsmethode scheitern. Es geht ja nicht um Sex- oder Lustpraktiken, sondern um ein breites Wissen vom Werden und Vergehen menschlicher Lebensform, um die Erfahrung von der Unsterblichkeit der lebentragenden Energie, der Seele.

Der buntschillernde Papagei

Am Sonntag, 28. September 1986, sind wir zu einem Kulturstammtisch vom Bürgermeister der Stadt Dr. Günther Hummer eingeladen. Im Gasthaus Träger findet ein Gedanken- und Erfahrungsaustausch der Mitarbeiter kultureller Gemeinschaften statt.

Wir hören von einem jungen Wirtschaftler eine lustige Definition für Kultur:

Ein Bauer setzt alle seine Kräfte zum Auf- und Ausbau seiner Landwirtschaft ein. Für seine Rinder, Schweine und Hühner muss ein moderner Stall, für seine Traktoren, Maschinen und Geräte ein großer Wirtschaftstrakt, für Heu und Getreide eine neue Scheune, ein neues Silo erwirtschaftet werden. Schließlich müssen gesunde Tiere angekauft werden, um Herr einer erfolgreichen, finanzkräftigen Landwirtschaft zu sein. Wenn nun die aufstrebende Wirtschaft gesichert ist, leistet er sich vielleicht einen buntschillernden Papagei.

Herrlich, da hören jetzt Leiter von Kulturgemeinschaften belustigt, erstaunt, sicher nicht gekränkt, ein farbiges Urteil über jahrzehntelange Bemühungen. Der gute Freund hat ja nur das ausgedrückt, was im Wirtschaftsleben unserer Stadt seit jeher Vorrang hat. Kultur ist nur eine schillernde Zugabe.

Auch hier bemängelt man das Fehlen bunter Papageien.

Zwei Jahre später erhält in der gleichen Rieder Zeitung das Kulturprogramm der Stadt Ried das Prädikat: „Provinzielle Genügsamkeit statt Mut zum Wagnis." In Form von „innovativen Wagnissen" fehlen dem Schreiber bunte, alternative Vögel.

Nicht viel anders sieht man Kulturarbeit bei den Landesstellen: Für Jahresstatistiken ist die Anzahl von bunten Veranstaltungen am wichtigsten. Deren Zahl bestimmt die Höhe der Landessubvention.

Jahrzehntelange Erarbeitung von Kulturwerten, das Erleben von musischen, sozialen Stunden in den Gemeinschaften, das Eingebunden-, Behütetsein im Kreis von Menschen, die man gern hat, achtet, bei denen man sich selbst findet in der Achtung des Nächsten, scheinen in den Formularen der Statistik schlicht als „Proben" auf.

Ein Bundesminister für Unterricht und Kunst spricht von Kulturkonsum, der auch der Arbeiterschaft zusteht.

Für öffentliche Auftritte von Politikern werden Kulturgemeinschaften unseres Landes als Dekoration eingesetzt. Musik, Gesang, Tanz, festliche Kleidung sollen das Anliegen des Potentaten untermalen, Menschen freudig aufbereiten.

Ja, was hat es denn wirklich für eine Bewandtnis mit dem wohlklingenden Namen „Kultur"?

Ist es nur eine buntschillernde Vogelwelt, Konsumware, ein Spektakel, ein Zuckerüberguss für provinzielle Genügsamkeit?

In der kleinen Festschrift „25 Jahre Innviertler Schulspatzen" vom Jahre 1977 fasse ich mein Wollen kurz zusammen:

Dr. Ludwig Pasch

GEDANKEN ZUR KULTURARBEIT

Kultur wird nicht dargestellt, sondern erlebt

Kultur will nicht Macht, sondern dienen

Kultur ist nicht Maske, sondern Sein

Mein Gott, jeder Mensch ist mit vielen Mängeln behaftet. Die ganze Mitwelt und wir sind kein fix und fertiges Lebensprodukt. Alle Welt ist kulturbedürftig. Der Mensch allein ist aber durch seine schöpferische Freiheit - mit all der Last und Bürde, die auf ihm lasten, - auch ein Kulturschaffer. Das Weltall ist mit Hilfe des Menschen eine stets wachsende Schöpfung. Von der Menschheit muss nicht für das Leben, sondern das Leben an sich gelernt werden. Die Weiterentwicklung, Weitergestaltung müssen aber auf ein Ziel hin gerichtet sein.

Der Geschwindigkeitsfanatiker will nur rasch an irgendein Ziel kommen. Wird er gefragt: „Wohin?", ist seine Antwort: „Wurscht, Hauptsache schnell!"

Die Deutung des Lebenszieles ist mit reinem Verstand nicht zu erreichen. Da braucht es Lebenserfahrung mit Freud und Leid, Weisheit und Dummheit, Begegnung mit „Liab" und Hass, Güte und Gewalt, eben ein erfülltes Leben. Man benötigt dazu großes Erinnerungsvermögen zum Kombinieren von Vergangenheit - Gegenwart - Zukunft, um zum Höhepunkt der Gotteserfahrung zu kommen. Der Drohbotschaft der zappelnden Welt steht da die Frohbotschaft des Schreinersohnes aus Nazareth gegenüber, der dem Menschen angreifbarer, daher begreifbarer Bote des Weltenschöpfers ist.

Aber warum einfach, wenn es auch kompliziert im Weltengetümmel geht.

Dieses Wissen, gepaart mit einer erfüllten Lebenserfahrung, macht es nämlich viel leichter, freudig als Kulturschaffender mit bleibenden Werten, mit einem ewigen Ziel zu leben.

Daraus erwächst ja die Grundbedeutung „Kultur":

„Sorgsame Pflege des Menschseins mit allen Werten, die den Menschen menschlicher, liebenswürdiger, sozialer, opferbereiter machen."

Zum Auflösen chaotischer Zustände beim Zusammenleben der frühen Menschheit benötigt man als wichtigsten Wert Ordnung. Mit den Erkenntnissen der Naturwissenschaften erfolgt heute die Befreiung aus engen Fesseln und die Suche nach neuen Grundlagen und festen Begründungen. Die perfektionierte Wissenschaft wird für uns unübersichtlich. Aus der unbegrenzten Machbarkeit erwächst grenzenlose Angst. Nüchterne Verstandesüberlegungen helfen dabei nicht. Wir Menschen übersteigen kaltes Denken. Wandel, Wende bedeuten für die einen hemmungslosen Start zu Alternativen, für die anderen wird der Umbruch zum Verhängnis. Mit der Verklärung des Gestern wächst der Glaube an den Untergang.

Der Kulturauftrag ruft heute zur Beherrschung von Technik, Wissenschaft, Wirtschaft auf. Ja, aber für wen? Welche Werte verlangt das Leben werdender, vergehender Menschheit? Hemmungsloser Konsum des technischen, medizinischen, wirtschaftlichen Fortschritts führt zum Chaos.

Inmitten der großen Leistungen, der neuen wissenschaftlichen Erkenntnisse steht der Mensch, froh oder verzagt, hoffend oder verzweifelt, befreit oder von Angst gefesselt. Die einen sind vorwärtsstürmend, die anderen Bremsklötze und ewige Mahner. Unsere moderne Welt hat Antwort auf die neuen Erkenntnisse zu geben. Antwort fordert Verantwortung. An die Stelle des Stürmens muss sorgfältiges Tasten kommen. Neues müssen wir abstecken, überprüfen, Vor- und Nachteile müssen wir behutsam herausschälen.

Statt Fortstürmen auf wankenden Balken gedeiht eine glückliche Menschheit auf festen Grundlagen des Fortschreitens. Der feste Grund ist das Geflecht fester Werte des Menschseins, der Menschenwürde. Kulturarbeit ist nicht Gegner oder Hemmer der Moderne. Die Moderne muss aber Kultur atmen, muss Kultur ausstrahlen.

Inmitten der sich entfaltenden Welt steht der Kulturauftrag des Menschen, Helfer, Diener des Nächsten, der ganzen Mitwelt zu sein. Schaffe einen Wert und du bist ein Mensch.

Ohne Wert gibt es keine Pflichten. Wertloses erzeugt pflichtlose Freiheit. Ohne Kultur sind wir aber seelenlose Menschen, nur Triebchaoten.

Künstler

Die in den Massenmedien als Selbstverständlichkeit hingestellte Darstellung, als wäre Kunst an sich gleichzusetzen mit Kultur - manche prägen dafür sogar den Begriff „Hochkultur" - unterliegt einem großen Irrtum. Künstler besitzen wohl eine besondere Gabe, sie sind aber nicht die einzig Begnadeten.

Künste in unseren Theatern, Konzerten, Lichtspielen, Galerien oder Festspielen strahlen nicht unbedingt Kulturgeschehen aus. Ehrfurcht als Element des Staunens über die Erhabenheit der Weltordnung - im Makro- wie im Mikrokosmos - muss der Kunsterkenntnis innewohnen. Der sinnerfüllte Hintergrund des Lebens muss durch Kunst sinnhaft dargestellt werden. Nicht eine nackte Abstraktion ist wertvolles Gut, sondern das verborgene Lebensgeheimnis unserer Welt, ihr Auftrag, Weg und Ziel. Das unendliche Reich der Kunst liegt hinter der sichtbaren Welt. Diesen Glanz des Wahren, von Menschen meist nur erahnt, kann der Künstler sichtbar, erlebbar machen. Kunstwerke sind als herausgeschälte Kulturwerke für uns alle geistige Vitamine. Schlünde amenschlichen Seins, Urschrei, Urangst, Hölle und Hass, müssen genauso wie das Licht menschlicher Hoffnung vom Staunen des Künstlers überstrahlt sein. Hinter dem unendlichen Leid leuchtet für den Künstler die innewohnende Menschenwürde.

Ein Spieler mit neuen Materialien, neuen Bau- und Kunststoffen, neuen Lichtern, Ideen und Einfällen freut sich, wenn seine Arbeit abstößt, bewusst ekelt. Hauptsache sie ist werbewirksam. Schmerz und Leid vermag der liberale Spieler nur hässlich darzustellen. Er spielt mit äußeren Effekten, mit Überraschungs- und Schockwirkungen. Er will Ängste verstärken. Von Kunstwerken verlangt man nicht Dokumentationen, sondern Meditationen über das Thema. Zu geistvollen Auseinandersetzungen werden vom Künstler harte Arbeit und dramatisches Ringen um die Mitte des Lebenswertes erwartet. Künstlerische Freiheit und die mit Fleiß und Ausdauer getragene Selbstbeherrschung erringen Kulturwerte, können kulturgestaltend wirken.

Die höchste Stufe erreicht ein Künstler, wenn seine Aussage auf die Mitte des Seins hindrängt: Es ist ein Gott. Ohne Mut zur Wertdarstellung göttlicher Ordnung wird Kunst zu einem Fall der Psychiatrie.

Wie prallen da in den vergangenen Jahren die Meinungen über Kunst und Kultur abgrundtief auseinander:

Anlässlich der Verleihung des österreichischen Staatspreises betont Friedensreich Hundertwasser: „Die Kunst muss Werte aufbauen, nicht zerstören".

In der Linzer Kirchenzeitung vom 6. 8. 1998 schreibt Prof. Monika Leisch-Kiesl: „Die Kunst unseres Jahrhunderts will provokant sein". Für Irene Jud-

mayer wird der Aktionskünstler getragen vom „Rhythmus der Urmeere", denn der Exzess ist tiefes Leben, intensives Leben, ist extrem gelebtes Leben. (OÖ. Nachrichten vom 10. 8. 1998). „Auch Mord kann Bestandteil eines Kunstwerkes sein." Pablo Picasso schreibt in seinem Testament: „Das Volk findet in der Kunst weder Trost noch Erhebung. Ich bin heute nicht nur berühmt, sondern auch reich. Ich bin nur ein Clown, der seine Zeit verstanden und alles herausgeholt hat aus der Dummheit, der Lüsternheit und Eitelkeit seiner Zeitgenossen".

Die „Moderne Kunst" entfernt sich total vom Begriff „cultura", vom Verschönern, Verbessern, Veredeln, Lieben. Lautstarker Medienspektakel soll die Wirkkraft „Moderner Kulturarbeit" beweisen.

Beethoven bekennt: „Ich kenne keine anderen Vorzüge am Menschen als die, die ihn zu einem besseren Menschen machen. Dort, wo ich diese vorfinde, ist meine Heimat".

Als Gegenstück zum bunten Papagei erscheint in der „alternativen antifaschistoiden Kulturauffassung" die blutrote Kloake:

„Amal mecht i gern am Tag der Fahne auf die Fahne brunzn / Vaterland du brauchst net wahna / Unsa Fahne, de kann kana mehr verhunzen."

Der „Poet" Leo Lukas wird im April 1995 als „Aufputz" zur Festveranstaltung „Unsere Republik ist 50 Jahre" ins Wiener Rathaus geladen.

Für die Augustausgabe der Zeitschrift „Literatur in Österreich" ist „alle bisherige Mundartdichtung die Sprache der Stotterer und Hinterwäldler". Der Dialekt soll nicht mehr allein den „Mutterkreuzbesingern" vorbehalten sein. „Die einzigen ernstzunehmenden Dialektdichter sind die ‚engagierten' Poeten. Sie sagen und schreiben offen und klar, was ihnen nicht passt. Sie attackieren faschistoide Typen" (H. Hais).

Ephraim Kishon meint: „Unzählige Kritiker im Dienst der Kunstmafiosi haben seit Beginn dieses Jahrhunderts eine Art ‚Kunst-Esperanto' entwickelt, mit dem man jeden normalen Menschen meschugge machen kann. Es ist die erste Sprache in der Welt, die auch ihr Sprecher nicht versteht."

Ein Beispiel dazu:

Kunstobjekt: Nichts

Kritikersprache: Kosmisch aufsteigende Zellenblasen von zeitloser Transfiguration. Spiraloide und fluodolide Antagonismen der archetypischen und chimärenhaften Esoterik.

Im Unverständlichen gaukelt man den „Dummen" künstlerische Überlegenheit vor. Pflicht jeder „Moderne" ist Hässlichkeit, Exzess, Orgie, Zerstörung.

Als Abschluss meiner Betrachtungen über Kultur und Kunst bitte ich dich, mein lieber Leser, um einige Minuten Stille mit der Begegnung der Zeilen, die abgrundtiefes Leid in der Sprache der Liebe zum grauenvollen Entsetzen werden lässt:

Inge Deutschkron

„… denn ihrer war die Hölle. Kinder in Gettos und Lagern."

Verlag für Wissenschaft und Politik. 1979, Wien

Marina Wolff, Warschau. Von 1942 an in Birkenau.

Von Marina Wolff persönlich der Autorin mitgeteilt.

„Ein Transport war angekommen, und eine seltsame Kolonne marschierte auf der Straße: Ungefähr 150 Kinder, die sich an den Händen hielten, eines trug das Jüngste auf den Armen, von stramm ausschreitenden SS-Aufseherinnen begleitet. Mit ihrem Schäferhund an der Leine war die gutaussehende Irma Grese schon von weitem zu erkennen.

Die Gruppe nahm sich aus wie ein großer Kindergarten auf einem Ausflug oder Spaziergang. Auf der Wiese gegenüber dem Krematorium hielten sie an. Eine Aufseherin belehrte die Kinder mit lauter Stimme: ‚Jetzt zieht euch schön aus und faltet eure Kleider ordentlich zusammen, damit jeder seine Sachen nachher wiederfindet. Und dann gehen wir gleich unter die Dusche.'

Die Kinder fingen an, sich auszuziehen. Da warf ein fünfjähriges Mädchen plötzlich einen großen roten Ball. Die anderen liefen ihm nach, fingen ihn auf, warfen ihn in die Luft und spielten eine Weile in der warmen Septembersonne.

Es waren noch kleine Kinder, das älteste vielleicht zehn Jahre alt. Am Rande der Wiese saß ein ganz kleines Kind, zwei Jahre alt, jedenfalls zu klein, um schon mitzuspielen. Wie eine Kindergärtnerin klatschte Irma Grese dann in die Hände:

‚Genug gespielt, lasst den Ball liegen. Jetzt beeilen wir uns, dass wir ins Bad kommen.'

Die Kinder gehorchten und stürmten die Treppen ins Krematorium hinunter. Auch das Kleine kroch ihnen auf seinen unbeholfenen Beinchen nach. Irma Grese sah das, übergab ihren Hund einem SS-Wächter und nahm das Kind auf den Arm. Die Stufen zur Gaskammer wären zu hoch für die kleinen Beinchen gewesen. Der kleine Mann spielte mit ihrem blonden Haar und streichelte das Zeichen an ihrer Mütze. Er fühlte sich sichtlich wohl auf dem Arm der gutaussehenden Pflegerin und lachte vor Vergnügen. Noch einen Augenblick, dann waren die Feldmütze, das blonde Haar der Irma Grese und das kleine Köpfchen daneben unseren Blicken entzogen.

Noch einmal sahen wir Irma Grese, als sie aus dem Krematorium herauskam, den Hund abholte und ruhig mit ihm ins Lager zurückging. Nach zwanzig Minuten heulten die Ventilatoren auf, die Aktion war beendet. Vor dem Krematorium lagen die Höschen, die schleifengeschmückten Kleidchen - ja, und auch der rote Ball."

Kulturpolitik

Hurra, wir planen in unserer lieben Kleinstadt für tausende von Menschen einen Erlebnispark. Wir wollen der hektischen Arbeitswelt des Alltags gleißende Lichter aufsetzen und den Massenmenschen mit Spektakel aller Art in Trance versetzen. Freilich, die Kasse muss stimmen. Die vertraute Woche des Rieder Volksfestes soll rauschenden Festjahren weichen.

Die in Schul-, Produktions-, Sport- und Leistungszentren geschulte Menschheit findet sich so als Massenprodukt in einem Geflecht von Fangarmen.

Es ist herrlich, man kann sich gehen lassen, braucht dem Eigenleben keine Antwort geben und ist bloß jeder eigenen Verantwortung. Die modernen Gaukler sind List, Lust, Lärm. Pulsierende Verkehrswege versenken wir einfach unter die Erde. Ja, nur kein Verkehrslärm, kein Verkehrsstau. Der Mensch der Umgebung braucht für sich Ruhe und Geborgenheit. Eigentlich möchte er auch für sich Abwechslung, Spektakel, aber in fernen Ländern. Das Ohr ist ja geschult. Vertrautes Ballgeflüster, familiäre Tischgespräche in Tanzlokalen sind schon längst dem tosenden Rauschen der Lautsprecher zum Opfer gefallen. Selbst Glockengeläute und frohe Tierlaute stören den „verwöhnten" Morgenschläfer. Schließlich ist die Nacht nicht allein zum Schlafen da.

Wie passt dies alles zusammen mit der kulturpolitischen Verantwortung einer Gemeinde? Sind denn Wirtschafts- und Kulturleben wirklich solche Gegensätze? Wirtschaftsleben ist doch auch eingebettet in den Alltag.

Aber wir selbst sind ja auch auf dem Sektor der Kultur angekränkelt. Hektik in der Veranstaltungsfolge und Sucht nach Massenbetrieb sind deutlich zu spüren.

So großartig die Festspielwochen in Bregenz, Salzburg, Wien sein mögen, sosehr muss man doch bedenken, dass die eigentlichen Wurzelböden musischer Kräfte unseres Volkes nicht hinter den Marmorfassaden von Festspielhäusern zu suchen sind.

Die kleinsten Gemeinschaften - Familie, Vereinigungen, Musikschulen, Musikkapellen, Chöre - sind als die Grundelemente österreichisch-musischer Existenz von den Gemeinden tatkräftigst zu fördern und lebendig zu erhalten. Jede Gemeinde hat hier die Verpflichtung, allen musischen Kräften des Ortes einen würdigen Rahmen zu ihrer Erziehungsarbeit zu geben.

Nicht die tausendste Veranstaltung und der hunderttausendste Besucher sind Zeugen eines ehrlichen Bemühens, sondern es ist die ständige Bereitschaft, das stete frohe Sichverschenken. Kultur ist ja keine Maske, kein Mäntelchen zum Umhängen. Festwochen bedeuten Höhepunkte im Leben einer Gemeinde. Sie müssen die politische, wirtschaftliche und kulturelle Ei-

genständigkeit betonen und den familiären Charakter einer Gemeinschaft herausstellen. Festwochen sollen das Bewusstsein eines echten Beheimatetseins in einer Gemeinde ausstrahlen.

Kategorien der Wirtschaft und Technik lassen sich hier eben nicht anwenden. Kultur ist kein Automat. Sie ist ein zartes Pflänzchen, braucht fern von Hektik Nahrung, um im Menschen und für die Menschen zum Leuchten zu kommen.

Kulturtragende, wertspendende Menschen sind für Gemeinschaften wertvolle Helfer, für die Umgebung frohe Geber und Empfänger.

Schulspatzen

Was will er denn, da Rasierabua?

Da kommt der 27-jährige Wiggerl Pasch glückselig aus einer Welt voll Hass, voll Leid und verdrängter Menschlichkeit heim in sein geliebtes Ried. Ja, materielle Not, Bescheidenheit, Zufriedenheit ist er von Geburt an gewohnt. In den Tagen der Nachkriegszeit scheint ihm als Allerwichtigstes, Lebenshilfen für psychische, zutiefst menschliche Not aufzubauen, mitzuteilen, anzubieten. Da will der Junglehrer für seine Schüler das nackte Klassenzimmer mit Pflanzen, Blumen, Wandschmuck, Vorhängen und einer tickenden Uhr wohnlich machen. Es soll kein nüchterner Arbeitsraum, sondern Lebensraum zum Lernen, Reifen und Atmen sein. So werden Eltern zum Mitgestalten eingeladen. Hoppla! Ohne Genehmigung des Ortsschulrates ist persönlicher Einsatz unerwünscht.

Im Pfarrkirchenrat geht es bei einer Sitzung um die Vergabe von Pfarrgründen. Einfältig meint nun Wiggerl, man soll die Wiesengründe von Altenried billig für eine Arbeitersiedlung zur Verfügung stellen. Weit gefehlt! „Im Interesse der Stadtbevölkerung" wird der Pfarrgrund an zwei Großfirmen der Stadt vergeben. „Durch einen An-schluss der Gründe an die angrenzenden Eisenbahnschienen wird der Frachtverkehr durch die Stadt vermindert". Um S 2,50 pro m² wird der Grund an die Firmen vergeben. Der Junglehrer findet sich nun im Gemeindeausschuss für Friedhofverwaltung wieder.

Neben 31 Schulstunden stehen für musische Arbeit nachmittags und abends einmal dort, einmal da verschiedene Klassenräume zur Verfügung. Notenmaterial wird selbst erstellt. Mehrstimmige Liedsätze werden mit Kohlestift auf große Pergamentbögen gezeichnet. Manches wird notdürftig gebastelt und mit blauem Durchschlagpapier vervielfältigt. Einladungen werden persönlich ausgetragen. Es gibt kein Telefon, kein Auto, keine Schreibmaschine. Die Sorgen der Gemeinde gelten dem wirtschaftlichen Aufbau einer Stadt. Da muss der Mensch zurückgestellt werden.

Das Nettoeinkommen des verheirateten Junglehrers mit einem Kind ist mehr als bescheiden:

I/1946	I/1947	I/1948	I/1949
279,41	339,44	583,46	697,50

ab I/1950 mit zwei Kindern 845,70

Frohes Menschsein in der Heimat

INNVIERTLER SCHULSPATZEN

Arbeitsgemeinschaft für Volkskultur im oberösterreichischen Volksbildungswerk

Für größere Festveranstaltungen, Jugendsingen, Theater, Spiel, Tanz und Festzüge wird um Hilfe der Stadt gebeten. „Herr Pasch, Sie können alles machen, kosten darf es aber nichts." In den abgelaufenen Jahrzehnten höre ich diese Worte oft.

Erbitte ich einen würdigen Rahmen für ein Fest, wird diese Bitte abgelehnt. „Da könnte ja jeder kommen!"

Jahrzehntelang steht im Hintergrund meines Wollens die „erstaunte" Frage von Rieder Bürgern: „Was will er denn, da Rasierabua?"

81

Rieder Volkszeitung 1. 1. 1948

Ried i. I. u.Umgebung

In dulci jubilo! Am Sonntag, den 28. Dezember, sang der Bubenchor der Knabenhauptschule unter Leitung des Fachlehrers Ludwig Pasch in der Kapuzinerkirche und in der Stadtpfarrkirche alte Weihnachtslieder. Die gut geschulten, frischen Knabenstimmen erweckten mit ihrem Wohlklang innige Weihnachtsstimmung. Besonderes Talent und ausgefeiltes Können bewiesen die Schüler Robert Mayr und Trauner in den Solostellen. Im Anschluß an den Gottesdienst brachte der Chor Bezirksschulinspektor Ransmayr und Schulrat Kolbauer ein Ständchen.

Chor der Knabenhauptschule Ried i. I.

1. Adventsingen am 17. Dezember 1945 im Alten- und Armenhaus in der Kellergasse Ried i. I.

   Fest- und Feiergestaltung an der Schule

1. Bezirksjugendsingen am 30. Mai 1948

1. Landesjugendsingen am 30. Juni 1948 in St. Florian a. I.

Musikalische Gestaltung von Schulgottesdiensten

Zu 31 Schulstunden kommen wöchentlich 2 Stunden Chorarbeit und 1 Stunde Instrumentalmusik.

„Mein Gott, ist deine Welt so schön"

Gedanken zum ersten Rieder Maisingen

Es war ein Bild, wie Makart ehedem den Biedermeier malte, als am Himmelfahrtstage der Frühling des Lebens, die selig unbeschwerte Jugend, hinstrahlend der Gesundheit Wärme, Lieder singend aufzog, wie es die Zünfte getan, als sie zur Festwiese drängten, Hans Sachsen zu ehren.

Es glänzten funkelnd die gelben Leiber der Trompeten hinein in des Maientages junge Sonne, es lachten froh der bunten Mädchen Scharen, für die die Burschen fast männlichen Schrittes schon mit kräftigen Stimmen den Rhythmus bestimmten, voran der Kinder liebliche Vielzahl, es wehten patrizisch die Fahnen der Bürger und zaun-

Ohre zu, sie alle wußten das Ihre zu geben, leuchtend wie ein Baum im Frühling, jubelnd mit Flöten und Geigen und Zithern und Quetschen aus Onkel Oskars nimmermüder Werkstatt, Hand aufs Herz: wem blieb da fern die liebe Heimat, korngoldsatt und in Weizenschwere.

Bravo, Redl, Pasch und Maier, bravo auch ihr wackeren Vereinschormeister Novotny und Guritzer, bravo laut Elfriede Weiß und Schwester Milada. Ja, Freunde, solche Töne sind die rechten, die sich letztlich flüchten in der Mütter ewigliches Opfern und so sangen groß und klein und hoch und niedrig, weil sie alle doch nur die gleichen kleinen Menschlein bleiben,

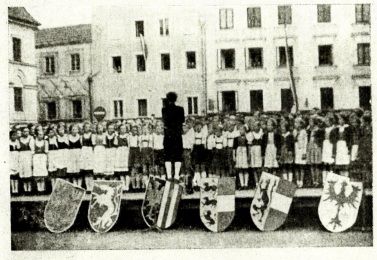

königgleich umsäumten die Menschen die Wappen, die ihnen symbolisch zuzurufen schienen: seht uns, wir sind schon über 700 Jahre unverblaßt für Oesterreich, das die Großen der Welt seit 7 Jahren vierteln mit seinem braven Volke, das Mozart, Haydn, Schubert, Bruckner geboren, um die uns, glaubt man, Bettler die ganze reiche Welt beneidet?

Und also sangen sie und musizierten, gelenkt durch der Lehrer Fleiß und Geschick, die Kleinchen voran mit noch dünnen Stimmlein, doch glockenrein und wagemutig, weil dieses niemals Schande ist, es huldigten die Chöre heimatbeflissen dem Piesenhamer mit der Terzen und Sexten wohligem Gefüge in Weisen von Priller und dem Musikantenvater schulmeisterlicher Generationen Franz Neuhofer, es wiegte sich knospend und blühend die schmucke Farbe in der Tracht des Dirndl, Bläser-Folkloren schmiegte Schindler dem

preisend den Hymnus: „Dahoam is dahoam, wannst nöt fort muaßt, dann bleib . . ."

Dann sandten wir ein Weilchen empor das Auge unsrer müden Seele zu dem, der über den Wolken thronet: o, nimm doch du sie schützend in dein weise lenkend Wirken, laß nicht wieder sie in weiten Fernen sterben, wie so viele es so grausam mußten, deren Gräber wir nicht wissen, unsern Tränen unerreichbar, alles wollen wir ertragen, nur nicht wieder diese bösen Kriege, die die Jugend uns entreißen, die doch immer schuldlos ist.

Ja, Frau Kamilla, Sie hatten mit ihren schönen Versen sinnreich recht und dir, Freund und Schulrat Ransmayer, der du der Initiator warst, gebührt nicht bloß aufrichtiger Dank, sondern zu deinem Sechziger auch der Glückwunsch aller, die dein Schaffen in Musik natürlich nicht vergessen haben.

Dr. M. G.

Kulturarbeit der Katholischen Jugend

Wenn eine Veranstaltung so hoch über dem Niveau gewöhnlicher Unterhaltungsabende steht, wie der am 9. ds. im Rahmen des Katholischen Bildungswerkes Ried von der katholischen Jugend gebotene Heimatabend, so geziemt es sich wohl, das Ereignis aus dem Reigen alltäglicher Faschingsveranstaltungen herauszuheben und in der Kulturrubrik zu besprechen. Schon aus dem Grund, um ein aneiferndes Beispiel zu zeigen, was an anderen Orten bei entsprechender Arbeit und Einstellung ebenfalls zu erwarten wäre. Der hier in Rede stehende Rieder Abend war ein Dokument zeitnaher und lebendiger Pflege echter Volkskultur und reiner Fröhlichkeit. Wer bedenkt, wie sehr die wertvollsten geistigen Güter heute gefährdet sind, der vermag die Verdienste zu würdigen, die sich die heimischen Jugendführer, in unserem Falle besonders Kooperator Enichlmayr, Fachlehrer Pasch und Herr Zechmeister, hier erwerben. Ebenso sah man mit heller Freude, wie die jungen Leute ausnahmslos ihr Bestes gaben; zu ihrem eigenen und zu ihrer Genossen Nutzen und zum Trost und zur Erquickung der Aelteren.

Nach einem von einer gereimten Ansage eingeleiteten und umkränzten Programm spielten, sangen, musizierten und tanzten uns diese jungen Menschen ihre reine Lebensfreude vor. Nicht mit komödiantenhafter Routine, sondern mit jenem echten, herzlichen Wollen, das auch im Fröhlichsten nicht jenen Ernst vermissen läßt, der das Auftreten einer zukunftgläubigen Generation so tröstlich und herzerfrischend machte. Es erübrigt sich, Einzelleistungen herauszuheben, so naheliegend dies auch wäre, denn im Zusammenwirken lag der Haupterfolg und der Sinn des Ganzen.

Der Höhepunkt der Spielaufführungen war unstreitig „Der kurzweilige Hochzeitsvertrag" vom Vater der oberösterreichischen Mundartdichtung, Pater Maurus Lindemayr. Das Stück, das einst in Lambach vor der jungen Maria Antoinette uraufgeführt wurde, hat infolge seiner sprachlichen Schönheit auch heute noch nichts von seiner Wirkung verloren.

Das außerordentlich zahlreiche Publikum folgte den Darbietungen mit jener freudigen Anteilnahme, die erkennen ließ, daß der Abend allen ein Erlebnis war, ein Mitfühlen mit jungen Menschen, die es noch nicht verlernt haben, sich in Ehren zu freuen. Ein Neuerleben des Geistes der Heimatliebe, die zum Schluß in dem von allen mitgesungenen „Hoamatland" in einem tönenden Bekenntnis ausklang. —W.—

Februar 1947 Aufbau der Sing- und Spielgemeinschaft der katholischen Jugend in Ried.

Volkslied, Madrigale, Volksmusik, Volkstanz, Volksspiel („Die Schnitterin" v. Erich Kolberg und „Der kurzweilige Hochzeitsvertrag" v. Pater Maurus Lindemayr)

EUROPÄISCHES FEST an der Ostsee 1951

Sing- und Spielgruppe oberösterreichischer Lehrer

Hans Bachl, geb. 1917 in Linz, beginnt im Herbst 1949 mit dem Aufbau eines oberösterreichischen Lehrerchores. Bereits im September 1950 gründet er die Kindersingschule der Stadt Linz. Bachl wird der Motor beim Aufbau der Musik-, Volks- und Hauptschulen in unserem Land.

Die pädagogischen Grundsätze Bachls und seine lebendige Musikalität finden in seinen Gefolgsleuten ein gleichgestimmtes Echo. Er weiß um das Geheimnis der völligen Gelöstheit und des natürlichen Atmens. Sein Verdienst sind unübertreffliche Phrasierung, Atemtechnik und Stimmgebung des Chores.

Vom Februar 1950 bis Juli 1952 bin ich begeisterter Wegbegleiter der singenden, tanzenden und musizierenden Lehrer Oberösterreichs. Mit ihnen erlebe ich Heimat und Europa.

Festsaal der Kreuzschwestern, Samstag, 22. Dezember 1951, 20 Uhr

Feſtliches Weihnachtsſingen

Sing- und Spielgruppe oberösterreichischer Lehrer

Leitung: Hans B a c h l

V o r t r a g s f o l g e :

H. Kronsteiner:	Markt und Straßen stehn verlassen
Volksweise (Satz: O. Jochum):	Maria durch ein' Dornwald ging (F. Kirchweger)
W. A. Mozart (Satz: E. Schaller):	Larghetto (Blockflöte, Geige, Gitarre)
Volkslied:	Ihr Hirten erwacht
W. A. Mozart (Satz: E. Schaller):	Menuett (Blockflöte, Geige, Gitarre)
Volksweise (Satz: E. Schaller):	Vom Himmel hoch (F. Kirchweger)
Volksweise:	Kommet ihr Hirten
Volksweise (Satz: F. Burkhart):	Schlaf, mein Kindelein

Im Herbst 1952 fliegen Schulspatzen ins Land

Die Rieder Volkszeitung berichtet am 24. Dezember 1952

Das Festliche Weihnachtssingen der Lehrer und Schüler des Bezirkes Ried i. I. stellte sich in zweimaliger öffentlicher Wiedergabe — am Samstag-Nachmittag vor dem Rathaus und am Abend im Pfarrsaal — als ein überaus bedeutsames Beginnen dar; bei dieser Gelegenheit trat der Junglehrerchor des Bezirkes vor das Publikum. Hatte am Nachmittag ein Bläserquartett der Stadtkapelle vom Balkon des Rathauses aus eine Auswahl des Gesamtprogramms umrahmt und damit den Zuhörern, die trotz des mehr als unfreundlichen Wetters gekommen waren, gemeinsam mit den Sängern eine weihnachtliche Freude bereitet, so präsentierte sich am Abend dieses Weihnachtssingen als eine klug ausgewählte, geschlossene Folge von Chören und Rezitationen, die insgesamt in schlichter, volkstümlicher Weise dem Sinn des Advent- und Weihnachtsgedankens dienten. Ob nun der Gesamtchor, etwa mit dem die Folge eröffnenden „O Heiland, reiß die Himmel auf" oder mit Kronsteiners „Himmlischem Jauchzer" und dem „Weihnachtsjubel" von Doppelbauer, in Erscheinung trat, der Lehrerchor mit einer disziplinierten Auswahl guter Stimmen oder der Knabenchor: stets war die Innigkeit eines Singens und Musizierens fühlbar, das aus dem Herzen kommt und darum auch zum Herzen dringt. Man hörte im Rahmen dieser zweiteiligen Feierstunde u. a. Kronsteiners „Markt und Straßen" in beseelter Wiedergabe, ebenso wie das immer wieder ergreifende „Maria durch den Dornwald ging" (mit dem Hauptschüler Kanatschnig

als bemerkenswertem Solisten), „Ich steh an deiner Krippen hier" mit dem Solo der Reichersberger Lehrerin Frl. Schindlmair oder das „Kommet ihr Hirten" mit dem Solo von H. Aschenberger (Neuhofen), man freute sich der frischen Stimmen des Knabenchors, der Musikgruppe der Mädchenhauptschule, des ausgezeichneten Lehrerinnenterzetts in „Vom Himmel hoch" und nicht zuletzt des Quartetts, das nicht nur mit der Musette über „Stille Nacht" von Franz Priller ein freundliches Beispiel echten weihnachtlichen Musizierens bot. Im gemeinsamen Schlußgesang des Weltweihnachtsliedes vereinten sich die vortrefflichen Kräfte, die von der kundigen, liebevoll auch dem Detail nachgehenden Dirigentenhand des Fachlehrers Ludwig Pasch geleitet, diese Feierstunde darboten, zu einer ergreifenden musikalischen Apotheose weihnachtlicher Gefühle. Das Publikum, unter dem sich Bezirkshauptmann Oberreg.-Rat Dr. Staffelmayr mit Bezirksschulinspektor Reg.-Rat Ransmayr, Bürgermeister Matulik und Kanonikus Dechant Riepl befanden, dankte dem Dirigenten und allen Ausführenden mit lebhaftem Beifall. Dem Lehrerchor, der hier seinen künstlerischen Idealismus in den Dienst einer guten Sache — der Weihnachtsfreude für arme Schulkinder — stellte, scheint uns, unter solch bewährter Leitung und gefördert von den zuständigen Persönlichkeiten, auf dem richtigen Weg zu erfolgreichem Wirken und künstlerischen Aufstieg.

R. L.

Festliches Weihnachtssingen

Ried. Das Weihnachtssingen der Lehrer und Schüler des Bezirkes wurde von allen Kreisen der Bevölkerung mit Freude aufgenommen. In das geschäftige Treiben der Stadt die besinnlichen Weisen zu tragen und am Hauptplatz zu musizieren, war in doppelter Hinsicht lobenswert. Denn manchmal machen wir uns doch Gedanken, ob nicht im allzu Betriebsamen eines „silbernen" und eines „goldenen" Sonntags und einer möglichst reichen Ausbeute am Weihnachtsabend der Sinn dieses Festes erschöpft sei. Lehrer und Schüler sangen zwischen reich prangenden Portalen für ihre armen Kinder, ihre armen Kameraden! Dieses Motiv erscheint uns auch für die abendliche Veranstaltung im Pfarrsaal über aller Sauberkeit des Programms am bedeutsamsten. Dieses Programm aber verdient in seiner Zusammenstellung und der vornehmen Weise des Vortrages besonderes Lob. Wir hatten bei keinem der Solisten das Gefühl, daß er sich selber als den Mittelpunkt der Sache sehe, trotzdem ihre Vorträge mit ehrlichem Beifall aufgenommen wurden. Der Hauptschüler Kanatschnit, H. Aschenberger, Lehrer in Neuhofen, und Fräulein Schindlmair, Lehrerin in Reichersberg, verdienen trotz der Bescheidenheit, mit der sie der Sache dienten, hier vor allem genannt zu werden. Neben dem Chor der Schüler und der Junglehrer und -lehrerinnen sei dem Streichquartett Franz Priller, den Musikgruppen der Mädchen- und der Knabenhauptschule gedankt. Sie haben diesen stimmungsvollen Weihnachtsabend mit einer fühlbaren Hingabe gestaltet. Die Leitung dieser Veranstaltung hatte Fachlehrer Pasch übernommen, der mit seinen jungen und jüngsten Helfern ein Beispiel gegeben hat: er hat mit seinen Freunden und Kindern jene Saite in unserem Herzen zum Klingen gebracht, die den abendländischen Menschen ausmachen. Der Veranstaltung gaben Bezirkshauptmann Oberregierungsrat Dr. Staffelmayr, Bürgermeister Matulik und Bez.-Schulinspektor Landesregierungsrat Ranzmayr neben vielen Persönlichkeiten der Schule und des öffentlichen Lebens die Ehre ihres Besuches.   G.

Kulturarbeit in Breite und Tiefe beginnt

25. Oktober 1953 - Arbeitstagung der Christlichen Lehrerschaft des Bezirkes Ried i. I.: Lehrer und Kultur

Mit dieser Tagung beginnt unsere intensive Arbeit im Bezirk. Referent ist Dr. Lipp aus Linz. Er gibt richtunggebende Hinweise. Die Schulspatzen singen, tanzen und musizieren in der erneuerten Festtracht.

Im „Gasthaus zur Stadt Ried" wird nachmittags vom oberösterreichischen Heimatwerk eine Trachtenschau durchgeführt. Dazu haben wir die Kollegenschaft des Bezirkes und Vertreter des Bekleidungsgewerbes eingeladen.

St. Martin. Die Junglehrergruppe P a s c h, genannt „D' Innviertler Schulspatzen", hat hier einen prächtigen Heimatabend veranstaltet, der außerordentlich gut besucht war. Viele Heimatfreunde hatten sich hiezu eingefunden, darunter auch solche von Senftenbach und St. Georgen. Auch Graf Arco-Valley und Komtesse Arco-Zinneberg waren anwesend. Schuldirektor Karl Danninger eröffnete, worauf Fachlehrer Ludwig Pasch in kernigen Worten den heimatlichen Gedanken im heimatlichen Sang und Spiel zum Ausdruck brachte. Das Programm der Singgruppe (8 Junglehrerinnen, 8 Junglehrer) umfaßte ernste und heitere heimatliche Lieder, gemischte Chöre, stimmungsvolle musikalische Darbietungen für Zither, Geigen, Blockflöten, Akkordeon und ausgezeichnete Volkstänze (Ländler, Steirische, Reifentanz) in verschiedenen Formen. „Locus iste" von Bruckner und „Ave Verum" von Mozart, stimmungsvoll und erhebend vorgetragen, leitete das Programm ein, das in rascher Folge ablief. Der Dirigent, Fachlehrer Pasch, der mit beschwingter Exaktheit die Gruppe leitet, konnte einen vollen Erfolg, von rauschendem Beifall begleitet, einheimsen. Der schöne Abend klang mit dem „Hoamatland", von allen gesungen, aus. —

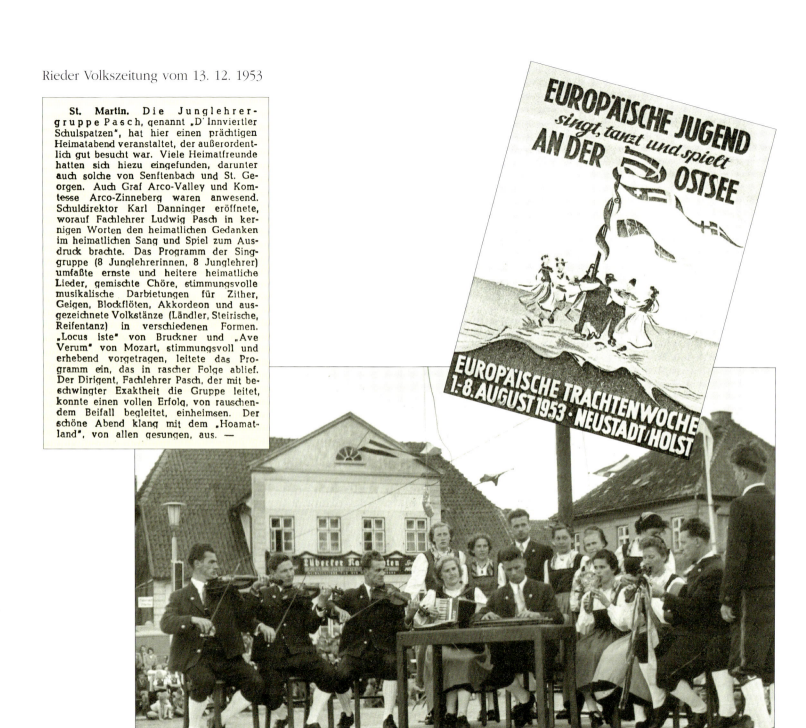

Die „Innviertler Schulspatzen"

Eine Gruppe von Junglehrern und Junglehrerinnen des Bezirkes Ried i. Innkreis, die erstmalig im Dezember 1952 mit einem festlichen Weihnachtssingen vor die Öffentlichkeit trat, hat es sich zur Aufgabe gemacht, das österreichische Volks- und Brauchtum in würdiger Form der Bevölkerung nahe zu bringen. Der Leiter dieser Gruppe, Hauptschullehrer Ludwig P a s c h , hat sich durch seine jahrelange Tätigkeit in der Sing- und Spielgruppe oberösterreichischer Lehrer in Linz jene Voraussetzungen geschaffen, die es ihm ermöglichen, mit der nun von ihm geleiteten Gruppe echtes Volkstum im Innviertel zu erwecken. Die Arbeit der Gruppe fand bereits in weiten Kreisen großen Widerhall. In ihren schmucken Trachten, die Junglehrerinnen in der „Rieder Festtracht", die Lehrer in der schwarzen Lederhose und im grünen Trachtenrock, bieten sie bei ihren Darbietungen ein farbenfrohes Bild. Sie sind damit auch Wegbereiter der Trachtenerneuerung, die der heimischen Bevölkerung die bodenständige Kleidung wieder näher bringen soll.

Im August vertraten sie Österreich beim Europäischen Volkstumstreffen in Neustadt an der Ostsee. Die Fahrt wurde zu einem herzlichen Erlebnis: niemand hatte erwartet, daß der sonst so kühle Norden mit derartiger Begeisterung seine Gäste bedachte.

Bei der am 1. August begonnenen Europäischen Volkstumswoche dominierten die Innviertler sowohl im Volkslied wie auch im Volkstanz und in der Volksmusik, während die übrigen Teilnehmer sich jeweils nur auf einem Gebiet betätigten. Die Innviertler wurden beim Einzug mit der rot-weiß-roten Flagge und der grün-weißen Europafahne stürmisch umjubelt. Sie stellten sich mit dem Lied „D' Riader Stadt" vor. Dann überreichte der Leiter der Volkstumsgruppe, Fachlehrer Pasch, dem Bürgermeister das von ihm gedichtete und von Lehrer Aschenberger vertonte Festlied

Die Pasch-Gruppe in Schleswig-Holstein

an Neustadt. Die Aufnahme war so herzlich und die Darbietungen so vortrefflich, daß am zweiten Tage der Volkstumswoche die Gruppe statt eines Konzertes drei Aufführungen zum besten geben mußte. Die Gruppe wirkte ferner an einem großen Kirchenkonzert mit.

Kaum von der Ostseefahrt heimgekehrt, trug die Gruppe zur Verschönerung der 60-Jahr-Feier der Katholischen Lehrerschaft Österreichs durch die Mitwirkung an einem Festabend auf dem Leopoldsberg in Wien bei, wo sie stürmisch begrüßt und bedankt wurde.

In den kommenden Monaten wird die Junglehrergruppe in allen Schulorten des Bezirkes durch Heimatabende ihre Volkstumsarbeit in aller Öffentlichkeit beginnen.

ZEITSCHRIFT DES
ÖSTERREICHISCHEN
RUNDFUNKS

Mit Europaprogramm

24. SEPT. 1955 · HEFT 39
PREIS S 3.—   V. 5. 8.

Malaien tanzen in Ried

Ein bunter Festzug mit Volkstanzgruppen aus aller Welt hat das kleine Städtchen Ried im Innkreis aus seinem arbeitsreichen Alltag gerissen. Ein internationales Treffen mit Volkstanzgruppen von Mazedonien bis Indonesien, von Udine bis Holstein, wurde überraschenderweise in dieser österreichischen Kleinstadt abgehalten. Einem einfachen, bescheidenen Fachlehrer ist es, mit für unsere Zeit unwahrscheinlichem Idealismus gelungen, aus diesem farbenprächtigen Mosaik aus aller Herren Ländern ein geschlossenes Bild völkerverbindenden Brauchtums zu formen. Die Wurzeln unserer heimischen Tänze und Lieder haben den gleichen Ursprung wie in aller Welt: Arbeit, Liebe, Jahreszeiten, Tod und Religion; unsere heimatlichen Perchten- und Schembartläufe unterscheiden sich in ihrer Dämonie kaum von den exotischen Tänzen asiatischer Völker. So wurde dieses Treffen zu einem Bekenntnis des Menschen, des Individuums, zu seinem gemeinsamen Ursprung. Der Festzug wurde — fast symbolisch — von einem Malaien, vom Lehrer Pasch und einem Mazedonier angeführt.

Natürlich war auch das österreichische Fernsehen dabei, und zwar sein bewährtester und erfahrenster Fachmann, Professor Reischek. Die Aufnahmen werden in Kürze im österreichischen Fernsehen zu sehen sein. Professor Reischek, der seit 30 Jahren der Volkstumsarbeit und dem österreichischen Rundfunk seine Treue hält, hat bei diesem Treffen seine jahrzehntelangen Erfahrungen wertvoll für das Fernsehen einsetzen können. Die Filmarbeit stellte ihn und seinen Kameramann oft vor schwierigste Probleme. So war zum Beispiel für die Aufnahme der javanischen Volkstanzgruppe die zur Verfügung stehende Halle zu akustisch. Die Aufnahme war in Frage gestellt. Nur kurze Zeit stand zur Verfügung. Da fand sich ein Rieder Bürger, der sofort, als er hörte, daß es sich um das österreichische Fernsehen handelte, selbstlos seinen Garten zur Verfügung stellte, obwohl die Großfläche durch die Tänze keineswegs besser wurde. — Also Aufnahme! In das Surren der Kamera beginnen aus unerfindlichen Gründen die Rieder Glocken zu läuten — nervöses Warten — endlich doch Aufnahme. Da zieht ein Hubschrauber seine Reklameflüge über Ried! Die Tänzer werden unruhig, sie haben noch einen öffentlichen Auftritt vor ihrer Abreise. Im letzten Augenblick gelingt es doch noch, den Filmstreifen zu drehen. Um die Schönheiten unserer Landschaft und unseres Brauchtums kennenzulernen, eröffnen sich durch das Fernsehen neue Möglichkeiten und Wege.   F. R. Z.

Ein bunter Festzug mit Volkstanzgruppen aus aller Welt hat das kleine Städtchen Ried im Innkreis aus seinem arbeitsreichen Alltag gerissen. Ein internationales Treffen mit Volkstanzgruppen von Mazedonien bis Indonesien, von Udine bis Holstein, wurde überraschenderweise in dieser österreichischen Kleinstadt abgehalten. Einem einfachen, bescheidenen Fachlehrer ist es, mit für unsere Zeit unwahrscheinlichem Idealismus gelungen, aus diesem farbenprächtigen Mosaik aus aller Herren Ländern ein geschlossenes Bild völkerverbindenden Brauchtums zu formen. Die Wurzeln unserer heimischen Tänze und Lieder haben den gleichen Ursprung wie in aller Welt: Arbeit, Liebe, Jahreszeiten, Tod und Religion; unsere heimatlichen Perchten- und Schembartläufe unterscheiden sich in ihrer Dämonie kaum von den exotischen Tänzen asiatischer Völker. So wurde dieses Treffen zu einem Bekenntnis des Menschen, des Individuums, zu seinem gemeinsamen Ursprung. Der Festzug wurde — fast symbolisch — von einem Malaien, vom Lehrer Pasch und einem Mazedonier angeführt.

Sie zwitschern während des ganzen Jahres

Bilanz der „Innviertler Schulspatzn" — Arbeit, von der wenig gesprochen wird

Der Ausspruch eines Schulmannes: „Darüber spricht man nicht, das tut man!", auf die Kulturarbeit einer Lehrergruppe bezogen, zeigt eine Auffassung, die leider himmelhoch von der sonst üblichen Praxis abweicht. Vielleicht liegt es auch daran, daß über den Lehrer und seine Arbeit nur dann geschrieben wird, wenn sie das Maß des Außergewöhnlichen in einer demonstrativen Weise überschreitet.

Veranstalten beispielsweise die „Innviertler Schulspatz'n" unter ihrem tüchtigen Leiter, Fachlehrer Pasch, ein internationales Volkstumstreffen in Ried im Innkreis oder reisen sie zu großen Treffen im Ausland, so wird das vermerkt. Allerdings knüpft sich an die Lektüre dieser Berichte sehr leicht der Verdacht, die gesamte Tätigkeit der Gruppe könnte spekulativ nur auf einige schöne Reisen abgezielt sein.

Selbst wenn es so wäre, bedürfte es mancherlei Geschicks und vieler Mühsal, um diese aus zwanzig Lehrerinnen und Lehrern bestehende Gruppe so weit zu schulen, daß sie im Ausland bestehen kann. Nämlich dann, wenn von diesen zwanzig „Schulspatz'n" nur zwei in Ried ihren Beruf ausüben, alle anderen achtzehn aber in achtzehn verschiedenen Orten des Bezirkes Ried. Man trifft Mitglieder der Pasch-Gruppe in Neuhofen, Hohenzell, Senftenbach, Reichersberg, Obernberg, Lohnsburg, Mörschwang, Geinberg, Pram, St. Martin, Lamprechten, Mehrnbach, Mettmach, Eitzing, Eberschwang, Schildorn, Pramet und Altenhof bei Haag. Das heißt: je ein Mitglied. Dennoch wird jede Woche in Ried Probe gehalten. Wie die Lehrerinnen und Lehrer nach Ried gelangen und welche Mittel sie dafür aufwenden, muß ihnen überlassen bleiben; sie erhalten sie nicht ersetzt. Die Gruppe veranstaltete im vergangenen Jahr 44 Veranstaltungen mit 120.000 Besuchern, davon die Hälfte im Inland. Die Mitglieder der Gruppe finden sich zu Fuß, per Fahrrad oder Autobus in dem Ort ein, in dem musiziert und getanzt wird, tragen die Kosten ihres Aufenthalts selbst und müssen selbst sehen, wie sie nachts oder am folgenden Morgen in ihre über den gesamten Bezirk verstreuten Schulorte zurückgelangen.

Es ist aber nicht damit abgetan, den „Schulspatz'n" anzugehören und in deren Rahmen tätig zu sein. Jedes Mitglied der Gruppe erhält durch die Proben ständig Material in die Hand, die jeweils eigene Gruppe im Schulort weiterzubilden. Denn alle diese Lehrerinnen und Lehrer betreuen in ihrem Schulort wenigstens einen Schülerchor. In den meisten Fällen veranstalten sie Volkstanzkurse oder bilden und leiten allgemeine Chöre. In Orten, in denen keine „Schulspatz'n" unterrichten, werden diese Kurse durch Fachlehrer Pasch selbst oder einem seiner Helfer gehalten. All das geschieht — für manche Institutionen leider zu „selbstverständlich" — unentgeltlich, ohne der Gruppe mehr als ideellen Gewinn einzubringen. Der Idealismus der Lehrerschaft ist in den letzten Jahrzehnten vielfach mißbraucht und bestraft worden. Haben wir kein Geld, derlei Bemühungen zu fördern, so müssen wir wenigstens die Schwierigkeiten aus dem Weg zu räumen helfen.   E. S.

Schulspatzen zwitschern für Österreich

dieWende

ZEITUNG DER KATHOLISCHEN LANDJUGEND ÖSTERREICHS

14. Jahr/Blatt 19   13. September 1959   S 1.—

Erst vor wenigen Tagen sind die „Innviertler Schulspatzen" gesund und munter von einer großen Konzertreise durch Schweden in ihre Heimat zurückgekehrt. Ried ist die Hauptstadt dieser Volkstumsgruppe, die aus Junglehrerinnen und Junglehrern des Bezirkes besteht und nicht nur für die engere Heimat ein Begriff ist. Jeden Sommer in den Ferien gehen die „Schulspatzen" (man müßte sie eigentlich Schulschwalben nennen — weil sie so oft fortfliegen) auf Tournee, um österreichisches Wesen in Volkslied, Volksmusik und Volkstanz hinauszutragen in die Welt. — Ried ist auch die Vaterstadt des Gründers und Leiters der Gruppe, des Schulmeisters — pardon Fachlehrers Ludwig P a s c h, kurz Wiggerl genannt. Seine blonden, ein wenig ungebärdigen Haare, Augen, die stets ein wenig zu lächeln scheinen und sein Leibspruch „allweil schen frisch" künden von der Heiterkeit seines Wesens, hinter der jedoch der Ernst seines Wollens steht.

Dr. Josef Weyns, Konservator des größten Freilichtmuseums der Welt, schreibt in das Gästebuch am 29. Juli 1959

" Het heem bundelt de krachten van ons hart.
(Die Heimat bindet die Kräfte unsers Herzens. "

Drei wichtige Tatsachen möchte ich in diesem Buch festhalten:

Zuerst : Es bedeutet für einen Menschen höchstes Glück zu erleben, daß alles, was zum Herzen und zur Schönheit gehört, keine geographischen Grenzen kennt und allen guten Menschen weit offen steht.

Zweitens ist es eine tiefe Freude zu erleben, daß Menschen, die etwas sehr Schönes vorführen können, auch in sich und in ihrer Umwelt wirklich sehr gute und schöne Menschen sind.

Drittens brachte mir dieser Besuch in Ried die große Hoffnung — Dank eines unerwarteten merkwürdigen Zusammentreffens — daß meine Gesundheit wieder zurückkehren kann.

Mein Dank an alle Spätzlein für alles Schöne und Gute, das ich und meine Gemahlin als ein unvergessliches Ereignis aus diesem Besuch mittrage, ist unermeßlich.

Jozef Weyns

Paula Weyns-Mylemans

Ried im Innkreis, am 29. Juli 1959

92

10 Jahre Innviertler Schulspatzen

Auszug aus der Festschrift 1962

STIMMEN DER HEIMAT

(Auszüge aus Briefen und Zeitungsartikeln)

■ ÖSTERREICH

DR. DRIMMEL, Bundesminister für Unterricht, 22. 8. 1960:

Liebe Schulspatzen! Ihr habt in Belgien, so höre ich, Lied, Tanz und Tracht in harmonischem Einklang vorgeführt und Zeugnis von einer höchstverfeinerten und doch frischen Volkskultur gegeben. Eure Volkskunstgruppe hat nicht nur ihren Zuhörern einen unvergeßlichen Eindruck hinterlassen, sondern auch Tausende Freunde für Österreich gewonnen. Es ist mir eine besondere Freude, Euch dafür meinen Dank und meine herzliche Gratulation auszusprechen . . .

DR. GLEISSNER, Landeshauptmann von Oberösterreich, 1. 2. 1961:

Die „Innviertler Schulspatzen im Oberösterreichischen Volksbildungswerk" haben sich unter Ihrer Leitung zu einer der tüchtigsten Gruppen, die sich in Oberösterreich der Pflege des Volksliedes und des Volkstanzes widmen, entwickelt. Mit freudiger Genugtuung vermerke ich die beglückende Tatsache, daß Sie allein im abgelaufenen Jahr über 1200 junge Menschen mit Ihrer Arbeit volksbildnerisch betreut haben. Diese Saat, die Sie mit so viel selbstlosem Idealismus und unermüdlicher Tatkraft in die Herzen junger Menschen gelegt haben, verspricht für die Zukunft gewiß reiche Ernte. Daß Ihre zu so vielen Erfolgen begleitete Arbeit nicht allein der so bedeutsamen Pflege überlieferter Tradition gilt, sondern darüber hinaus auch in der Jugend des Bezirkes Ried die Liebe zum österreichischen Vaterland entscheidend vertiefen hilft, verdient besonderen Dank und Anerkennung . . .

LANDESINSTITUT FÜR VOLKSBILDUNG UND HEIMATPFLEGE, 24. 11. 1960:

. . . Mit besonderer Genugtuung können das Oberösterreichische Volksbildungswerk und das Landesinstitut für Volksbildung und Heimatpflege in Oberösterreich seit Jahren Ihr verdienstvolles Wirken im Dienste der Volkstumspflege verfolgen. Sie haben durch Ihre Arbeit nicht nur im Innviertel segensreich gewirkt, sondern darüber hinaus auch im Ausland unsere Heimat in vorbildlicher Weise vertreten und ihr viele neue Freunde gewonnen. Als Leiter des Oberösterreichischen Volksbildungswerkes und des Landesinstitutes für Volksbildung und Heimatpflege möchte ich Ihnen auf diesem Wege aus Anlaß des Festlichen Rieder Herbsttanzes 1960 dafür Dank und Anerkennung aussprechen, vor allem auch dafür, daß Ihre Arbeit nicht nur repräsentativen Charakter angenommen, sondern auch in vielen Orten des Bezirkes Ried Wurzel geschlagen hat . . .

STIMMEN DES AUSLANDES

■ SCHWEDEN

Österreichische Botschaft in Stockholm an das Unterrichtsministerium:

. . . Die Innviertler Schulspatzen traten in einer eigenen Sendung des Schwedischen Fernsehens auf, sangen vor einem Kongreß schwedischer Landjugend in Sigtuna und erzielten auf Skansen, dem repräsentativen Volkszentrum Stockholms, große Beachtung. Höhepunkt der Konzert- und Tanzreise waren ein Motetten- und Chorabend vor dem katholischen Bischof von Stockholm und ein Festkonzert im Stockholmer Kungsträdgarden. Die Botschaft konnte sich davon überzeugen, daß die vorgetragenen österreichischen Volkslieder, die Volksmusik auf alten Instrumenten und der Volkstanz vom gesamten schwedischen Publikum mit großem Beifall aufgenommen worden sind . . .

UPSALA NYA TIDNING:

. . . Die Vorführungen waren ein Fest für alle Anwesenden, welche die Gruppe mit Ovationen überschütteten . . .

■ DEUTSCHLAND

KIELER NACHRICHTEN:

. . . Und dann kamen drei Chöre, die einfach großartig sind und die dem Abend ein in Neustadt selten erlebtes Niveau gaben. Es fällt schwer, die Leistung der oberösterreichischen Lehrervereinigung aus Ried in Worte zu fassen. Die Innigkeit, Zartheit und Gläubigkeit in ihrem Gesang war ergreifend und hinterließ bei den andächtig lauschenden Zuhörern einen tiefen Eindruck . . .

LÜBECKER NACHRICHTEN:

. . . Ein wahrhaft ausgezeichneter Chor sind die Innviertler Schulspatzen aus Oberösterreich, deren Leistungen weit über den Rahmen des üblichen Volksgesanges hinausgehen. Ihre Gesänge sind außerordentlich präzis intoniert, wissen durch sehr einfühlsamem Wechsel von Piano und Forte farbenreiche Wirkungen hervorzurufen, bleiben aber immer sehr persönlich gefärbte Interpretation betont österreichischen Geistes . . .

INNVIERTLER SCHULSPATZEN ALS MUSISCHE
BOTSCHAFTER ÖSTERREICHS IM AUSLAND

1953 Deutschland: Europäische Festwoche
in Neustadt/Ostsee

1954 Großbritannien: Internationale Festwoche
in Llangollen/N. Wales
Belgien: Konzerte in Flandern
Deutschland: Europäische Festwoche
in Neustadt/Ostsee

1955 Konzertreise durch Schweiz, Frankreich und Spanien

1956 Großbritannien: Internationale Festwoche
in Llangollen/N. Wales
Belgien: Konzerte in Flandern

1957 Deutschland: Europäische Festwoche
in Neustadt/Ostsee
Konzertreise durch Südtirol

1958 Belgien: Konzerte bei der Weltausstellung Brüssel
und in Flandern
Konzertreise durch Südtirol

1959 Deutschland: Konzerte in Lübeck
Konzertreise durch Schweden

1960 Belgien: Konzertreise durch Flandern
Deutschland: Festwoche in Ostfriesland

1962 Deutschland: Festwoche in Neustadt/Ostsee
Konzerte auf der Insel Föhr

1963 Ungarn: Konzertreise
Deutschland: Festwoche in Stuttgart
Festwoche im Saarland

1964 Tschechoslowakei: Europäische Festwoche
in Straznice

1967 Deutschland: Europäische Festwoche
in Neustadt/Ostsee

1968 Frankreich: Festwoche in St. Philbert und Paris
Belgien: Europeade in Brüssel
Deutschland: Adventsingen in der
Ruhrlandhalle Bochum

1969 Deutschland: Europäische Festwoche
in Neustadt/Ostsee
Festabend der deutschen Kultur in München

1970 Deutschland: Festabend in Kolbermoor/Bayern
Großbritannien: Internationale Festwoche
in Llangollen/N. Wales
Belgien: Konzertreise durch Flandern

1971 Deutschland: Festabende in Franken
und Schleswig Holstein
Dänemark: Konzertreise

1972 Konzertreise durch Südtirol
Deutschland: Festabend in Kolbermoor/Bayern

1973 Deutschland: Festabende und Kirchenkonzerte in
Rothenburg o. T. und auf Helgoland

1974 Deutschland: Konzertreise durch das Rheinland
Festabende und Kirchenkonzert in Eichstätt und Waldkraiburg

RELIGIÖSES BRAUCHTUM

ab	Dez.	1945	**Festliches Weihnachtssingen** mit dem Knabenchor und der Sing- und Spielgruppe der Katholischen Jugend Ried
ab	Dez.	1952	**mit den Schulspatzen**
seit	Dez.	1963	**Adventsingen mit Kranzweihe**
ab	Jän.	1958	**Dreikönigsritt und -singen**
seit	März	1972	**Umzug der Ratschenkinder**
seit	Mai	1973	**Marien-Vesper** (Kapuzinerkirche)
seit	Sept.	1975	**Erntedankfest**
von	1980-1987		**Erstkommunikanten-Festmesse**

Unsere Schulspätzlein

Seminare für Lied, Tanz, Musik, Flöten-
und Gitarrenspiel, Ziehharmonika und
Hackbrettspiel.

Miterleben des Brauchtums unserer
Heimat:

Hoangarten im Jahreskreis - Adventsingen - Dreikönigsfest - Umzug der Ratschenkinder - Marienvesper - Erntedank - Kindergottesdienst - Familien-
hoangarten

Spätzlein im Hoangarten

**1982: Spätzlein beim Fest „30 Jahre Innviertler
Schulspatzen" in der Versteigerungshalle**

96

Umzug der Ratschenkinder am
Gründonnerstag

Erntedank in der
Stadtpfarrkirche

Fasching der Jugend

97

Frohes Singen, Tanzen und Musizieren

Helfende Hand seit 1953

Ingrid Nowka, Konsulentin der oberösterreichischen Landesregierung, wird in den Kriegstagen 1942 als Kind aus dem
brennenden Berlin in unsere Stadt evakuiert. Sie studiert am
Gymnasium Ried und an der Lehrerinnenbildungsanstalt in
Vöcklabruck. Trotz oftmaliger Versetzung an verschiedene
Schulorte des Bezirkes ist sie seit dem Herbst 1953 uner-
müdliche Betreuerin unserer Arbeitsgemeinschaft.

O, tausendfältig eine Hand,
ein Wunderwerk im Leben.
Webt zwischen Menschen güldnes Band
und kann Vertrauen geben.

Vergisst sich selbst, kennt nur das Du,
ist Motor, Freude, Quelle,
gönnt Tag und Nacht sich keine Ruh,
strahlt Ernst aus ihrer Helle.

Wirkt immerzu im Hintergrund,
freut sich ganz still, wo Wonne.
Ist manchmal auch die Seele wund,
spürt man nur Wärme, Sonne.

NEUSTADT IN HOLSTEIN

12.-19. Juli 1969

unter der Schirmherrschaft von Frau Bundesminister Aenne Brauksiepe

Wir erleben Europa

Hinter den kurzen Arbeits- und Medienberichten über unsere Gemeinschaft steckt viel Freude. Man entdeckt sich in einer Gemeinschaft voll Humor und jugendlicher Geborgenheit. Vertrautheit und Gemeinsamkeiten führen zu lebenslangen Freundschaften, zu Eheschließungen und menschlichen Bindungen über die Grenzen unserer Heimat hinaus.

Auf den Reisen durch europäische Länder stehen wir staunend vor Kunstdenkmälern, und Naturwundern. Mit unseren Augen sehen wir Europa. Mit unserem Gemüt spüren wir Gastfreundschaft und Zuneigung.

In einer kleinen Fischerstadt an der Ostsee, umrauscht vom leichten Wellenschlag, erleben wir erstmals Europa.

In Lied, Tanz, Musik, in Tracht, Sitte und Brauch finden wir das gemeinsame Kulturgut, wohl nicht wissenschaftlich aufgefächert, aber mit herzlichem Frohsinn.

Da wollen die Schulspatzen aus dem Innviertel, aus Österreich, mit einem katholischen Flüchtlingspfarrer aus Schlesien in einer kleinen Fischerkapelle Gottesdienst feiern. Freudig, doch etwas besorgt, klingt seine Bitte: „Tut mir aber beim Gottesdienst nicht zuviel jodeln!"

Für einen Österreich-Abend stellt uns ein Großkaufmann von Holstein seine Villa an der Ostsee zur Verfügung. Von uns mitgebrachtes Geselchtes, Bauernbrot und echter Kräuterlikör werden schmackhaft aufgetischt. Bis in die frühen Morgenstunden erleben die Leiter des Europäischen Festes Österreich in Lied und Tanz. Über das leise Rauschen des Meeres am Ostseestrand erklingt zum Ausklang unser „Salzburger Glockenjodler". Neugierig lauscht die aufgehende Sonne dem gemeinsamen Atmen der europäischen Jugend. Viele Jahrzehnte schwebt dieser Jodler als Abschluss europäischer Feste auf dem Marktplatz von Neustadt in Holstein über die Menschen und Häuser.

Nicht in Hotels oder sterilen Gemeinschaftsunterkünften, nein in den Gastfamilien wird das Menschsein, das Miteinander und Füreinander über Grenzen hinweg erspürt.

Schwieriger ist dies freilich in den Oststaaten während des Kalten Krieges. Da bedarf es besonderer Ehrlichkeit, liebenswürdiger Offenheit und überzeugender Gestaltung unserer Arbeit.

Bei einer Vorsprache in der ungarischen Botschaft lässt man meinen Bruder Herbert und mich lange in einem Vorzimmer warten. Rundum Stille. Man will uns wohl vorher etwas abhorchen. Was wollen denn die jungen Menschen aus einer Kleinstadt Österreichs?

Endlich werden wir zum Botschafter vorgelassen. Doch sofort springt der Funke menschlicher Herzlichkeit herüber und hinüber. Als dann die politischen Stellen in Budapest wegen der Teilnahme einer ungarischen Volkstanzgruppe am Internationalen Volkstumstreffen in Ried Schwierigkeiten bereiten, fährt der ungarische Botschafter persönlich von Wien nach Budapest.

Bedingung für die Teilnahme einer polnischen Gruppe ist die Unterbringung in einem gemeinsamen Heim. Die Unterkunft im Kloster St. Anna wird von der politischen Führung erstaunt, von den polnischen Musikanten mit Freude zur Kenntnis genommen.

Bei Spaziergängen durch unsere liebe, kleine Stadt Ried meinen junge Freunde aus dem Osten, die Auslagen unserer Geschäftshäuser sind mit Attrappen geschmückt. Herzlich werden sie in den Kaufläden bewirtet.

Aus der Tschechoslowakei erleben Freunde das Bauernleben im Innviertel. Singend sitzen sie auf den Traktoren und fühlen sich als freie Herren.

In Waldzell erfahren junge Menschen, dass hierzulande auch freie Bauern Bürgermeister sein können.

In Taiskirchen ist eine französische Gruppe mit ihrem Präsidenten untergebracht. Bei den Gastgebern gibt es Schweinsbraten, Geselchtes und Sauerkraut. Für diese jungen Menschen ist dies eine ungewohnte Kost. Da pilgern sie nun nach dem Gottesdienst zur alten Volksschule. Die Oberlehrersgattin bereitet für alle herrliche Omeletten mit köstlicher Marmelade zu. Die „Süßenhamer" aus Frankreich sind überglücklich. Ihr Präsident lässt alle reihenweise zum Küsschen antreten.

Wenn ich nun am Ende unseres Jahrhunderts die Ängste mancher Landsleute vor dem Kulturkontinent Europa verspüre, werde ich immer sehr traurig. Was wäre uns allen in diesem Jahrhundert an Leid erspart geblieben, hätten wir das mühsame Ringen um Gemeinsamkeiten schon zur Zeit des Völkerbundes in den Jahren nach dem 1. Weltkrieg erleben dürfen.

Europa ist doch mehr als ein billiges Butterbrot!

Es geht auch ohne Gott?

Meine Geburt fällt in die Zeit des totalen Umbruches menschlichen Denkens. Zum ersten Mal in der Menschheitsgeschichte entsteht ein Staat, der ohne Gott auskommen will.

Das große Kolonialreich Sowjetunion rottet alles aus, was sich dem „dialektischen Materialismus" entgegenstellt.

Für das kommunistisch-sozialistische Denkgefüge ist der Mensch nur Produkt einer spiralförmigen Entwicklung der Materie, nur Ware.

Ihre Wissenschaft „beweist": Es geht auch ohne Gott.

Am 12. April 1961 meldet der russische Astronaut Juri Gagarin beim ersten Flug um die Erde in 130 km Höhe seiner kommunistischen Zentrale voll Stolz: „Im Weltall ist kein Engel, kein Gott!"

Der totale, geistige und materielle Zusammenbruch am Ende unseres Jahrhunderts, aller Welt sichtbar, erlebbar, legt die Ruinen menschlichen Denkens frei. Schon zehn Jahre nach dem Fall der unmenschlichen Mauer zwischen Ost und West fühlt man sich überfordert. Der kommunistische Menschensklave hat im Sowjetstaat das Nötigste zum Leben. Denken überlässt man dem Staat und seinem Angstmechanismus. Menschenwürde ist nicht erlebbar und Grauen wird verdrängt, um überleben zu können.

Heute ist bereits wieder der Ruf hörbar: „Hoch der Sozialismus!" Es ist ein Teufelskreis. Es geht auch ohne Gott.

Frühlingsanfang 1999, Sonntagmorgen - 21. März:

Im österreichischen Rundfunk höre ich ein Gespräch mit dem Philosophen Rudolf Burger über Sinn des Lebens, über Glauben, Vertrauen, Tod.

Dem Rektor an der Hochschule für angewandte Kunst fehlen wissenschaftliche Beweise, menschlich erkennbare Fakten. Die Welt ist für ihn sinnlos, gottlos. Menschliche Not, irdisches Leben, ermordete Kinder sind nur sinnlose Abfallprodukte des Lebens, die am Müllhaufen der Geschichte landen. Es gibt nur Leben ohne Glauben, ohne Vertrauen. Der Tod ist einfach da, er kommt. Wenn er an ihn herantritt, weiß der Philosoph nicht recht, wie er selbst darauf reagiert.

Da steht diesem atheistischen Wissenschaftler ein schlichter, gläubiger Mensch mit dem erlebten Wissen um einen gütigen, verzeihenden Gott gegenüber. Seinen Schöpfer, seine Ordnungsmacht im großen und kleinen Kosmos ertastet er im täglichen Leben.

Die eigene Individualität weiß er erwählt. Er fühlt sich angenommen und in Gottes Armen in grenzenloser Sicherheit. Die moderne Medizin beweist es: Glaubende Menschen sind gesünder. Für den Optimisten ist die Welt ein Geschenk Gottes, bestrahlt von Sonne, getränkt vom Tau, beglückt vom Lied und Gesang der Natur. Glücklich Glaubende brauchen keine Kurse für positives Denken, sie sind Erlöste, Geliebte. Sie können den Schöpfer dieser unserer Welt VATER nennen.

Die Urangst von uns entspringt aus der Erfahrung von Ohnmacht und Begrenztheit gegenüber der irdischen Außenwelt.

Die Grenze der Belastbarkeit bei erdhaften Ängsten und zerstörten Hoffnungen ist heute schnell erreicht. Trotz „Sozialstaat" wächst die Zahl an Morden, Selbstmorden, Raub und Hass. Heilsuchenden Menschen steht in der modernen Welt ein Supermarkt von glücksversprechenden Instituten, Kursen, Vorträgen und Behandlungen zur Verfügung. Der Weg zur „Selbstverwirklichung" darf ja ruhig kostspielig, schmerzhaft sein. Warum denn einfach, wenn es ohne Gott kompliziert auch geht.

Jeden Donnerstagnachmittag erlebe ich bei den Schützlingen der „Lebenshilfe" in Ried glückhafte Stunden. Die Behinderten des Lebens wählen statt trostloser Bitterkeit eine fröhliche Dankbarkeit. Auf meine Frage: „Wie geht es heute?", höre ich immer ein strahlendes „Guat!"

Behinderte Kinder sind in der Schulklasse ein Segen: Sie wecken Fürsorge, Rücksichtnahme, Freude am Helfen, am Mitatmen.

Das beharrliche Starren sich ungeliebt fühlender Menschen in das Dunkel des Lebens bringt Angst, Sorge, Leid und Krankheit.

Es ist ja interessant: Eher sind wir der Überzeugung, wir leben unter einem Fluch, statt das frohe Wissen einzusaugen, wir leben unter einem Segen, wir sind in der Hand des Schöpfers, des Vaters.

Die Flüche, das Leiden, das Morden, Foltern, der Hunger, Krebs, das Sterben sind das Böse, der böse Hasser des Lebens. Die lebensverachtende Macht des Bösen, die Lüge des Lebens, das zerstörende Antiatom des Kosmos beeindrucken uns in unserer Erdhaftigkeit, weil uns dies alles von Außen bedrängt.

In Richard Billingers Drama „Rauhnacht" fragt Simon Kreuzhalter, der abtrünnige Bauer, seine Mutter: „Was soll ich fürchten?" Zur Antwort erhält er Billingers Grundaussage in seinem Gesamtwerk: „Das Draußen nicht! Das Drinnen!"

Das innere Gesegnetsein muss ständig, Tag für Tag, Jahr für Jahr bewusst aufgenommen und angenommen werden: Das gute Wort des Nachbarn, des Freundes, die Hilfsbereitschaft des Nächsten, die Schönheit der Jahreszeiten, die Künste begnadeter Menschen. Große Lebensfreude entspringt immer aus dem eigenen Wissen, Helfer sein zu können, nicht nutzlos weggeworfen, sondern gebraucht zu werden.

Unser Lächeln ist ein Geschenk für die Umwelt, unsere eigene Freude ist das Sichverschenken. Niemals hängt unser inneres Glück von Hab und Gut ab. Nicht nur unsere Talente sind Geschenk für die Umwelt, wichtiger ist das Ausstrahlen unseres freudigen Daseins, Mitseins, unserer Zufriedenheit, Geduld und Güte. Nicht der Erfolg in der Welt draußen kann Motor für das eigene Leben sein. „Deanmuat", Demut, Mut zum Dienen löst ein Streben nach Anerkennung von Außen, nach eigener Macht in Nichts auf. Die innere Kraft übersteigt selbst unsere letzte Hingabe, den Tod. Unser eigenes Sterben kann zur Strahlkraft des Friedens werden. Jedes gute Wort, jedes Lächeln, jede kleinste Geste der Liebe wirft Wellen, auch über den Tod hinaus.

Wo finde ich glückliche Pessimisten? Sie hausen im Nebel, der die herrlichen Farben des Lebens auslöscht.

Der Optimist entdeckt in den dunklen Nächten die hell leuchtenden Sterne, die Diademe des gnadenspendenden Himmels.

Abend bei Richard Billinger

Verdammt oder erlöst

Im Frühjahr des Jahres 1998 begegne ich der Gemeinschaft „Zeugen Jehovas" in einer schlichten Ausstellung am Rande des Messegeländes unserer Stadt. Manche Städte des Landes lehnen diese für mich erschütternde Dokumentation gar ab. Was ist denn der Anlass? Was wird denn von der Öffentlichkeit befürchtet?

Im Mittelpunkt der Ausstellung steht der gequälte Mensch im Konzentrationslager, Menschenopfer durch Nazimörder. Seltsam, denke ich. Da nimmt eine Gruppe mit eindrucksvollen Bildern und Briefen aus dem KZ Stellung zu einem Thema, das sonst von „Zeitgeschichtlern", auch Mächten für eigene Interessen und Forderungen „behandelt" wird.

Vor den „Zeugen Jehovas" braucht doch keine Partei, keine Staatsmacht Angst zu haben. Sie fordern von der Öffentlichkeit nicht Geld und Gut. Sie sind nur innerhalb ihrer Gemeinschaft streng und unnachgiebig, sind für Schul- und Familienmitglieder oft schwierige Partner.

Ihr wichtigster Begriff ist „Harmagedon" - die in naher Zeit stattfindende apokalyptische Endschlacht. Nur ihre „Verkünder" werden von einem gnadenlosen Richter gerettet. An der Bibel hängen sie buchstabengetreu. Einer demokratischen Mitsprache, dem leisesten Widerspruch wird mit ewiger Verdammnis gedroht.

Sie grenzen sich ab, sind Außenseiter der Gesellschaft. Freude, Feste, Feiern sind für sie Götzendienst. Unbarmherzig lehnen sie für sich und ihre Kinder lebensrettende Bluttransfusionen ab.

Dieser Gemeinschaft mit ihren seelischen Problemen steht der glückliche, frohe Christ gegenüber. Hier der gnadenlose Richter der „Zeugen Jehovas", bei uns das Gottesbild: Selbstlos - liebend - erbarmend - barmherzig. Erlöser nicht Droher. Vater!

Freilich, je mehr von unserer Gesellschaft das Bild von Familie - Mutter - Vater - verdrängt wird, je mehr von politischen Gauklern Ängste und wieder Ängste geschürt werden, desto mehr wird man die schützenden Hände unseres Gottes und Erlösers immer wieder ans Kreuz schlagen. Mit Angst kann man viel Geschäfte machen.

Wie ein Lauffeuer verbreitet sich Angst in glaubensarmer Umwelt. Moderne, modernde Begriffe werden lautstark, drohend eingehämmert: Vergangenheitsbewältigung - Quoten für Ausländer und Frauen - Ohne Partei bist du nichts - Verlust „wohlerworbener"

Rechte - Alles Fremde ist feindlich - Alle Politiker sind Gauner - Verkauf des verschuldeten „Staatssilbers" - Tschernobyl ist überall - Gentechnik mordet - Nur Neutralität rettet uns.

Mit Angst kannst du viel erpressen, mit Angst kannst du Karriere machen.

Mit dem Zweifel an sich selber, mit unerlöstem Schuldgefühl, unerlöster Bedrohtheit, sozialer Unsicherheit, will der Mensch erst recht wieder den schützenden Händen unseres Herrgottes entrinnen.

SUMMENSTATISTIK des MELDE-AMTES RIED vom 15. Juni 1998 und RELIGIONEN		
RÖM. KATH.	10.099	= 84 %
ISLAM	724	= 6 %
OHNE BEKENNTNIS	558	= 4,6 %
EVANG. AB	307	= 2,5 %
ALTKATH.	37	
ORTHODOX	47	
ZEUGE JEHOVA	30	
BUDDHIST	21	
NEUAPOST.	8	
METHODIST	6	
APOSTOLISCH	6	
BAHAI	6	
EVANG. HB	5	
MORMONE	4	
SONSTIGE	49	
UNBEKANNT	90	
SUMME	11.997	

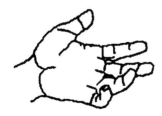

Schützende Hand

Zweifel, Angst, Hoffnung

Religiöser Maximarkt

Der Fremde

Gar oft begegnen wir in unserer Stadt freundlichen, sorgfältig gekleideten jungen Amerikanern mit gehobener Bildung und konservativen Lebensformen. Sie sprechen mit wohltuender Stimme vom „Gesetz des immerwährenden Fortschritts", dem auch selbst Gott unterliegt. Ihr Gott hat sich vor vielen Äonen von einem sterblichen Menschen entwickelt. Wie der Mensch heute ist, war ihr Gott einst - wie Gott heute ist, kann der Mensch einst werden.

Die MORMONEN fühlen sich als die einzig wahre christliche Kirche. In der ersten Hälfte des 19. Jh. erscheint ihrem Gründer, Joseph Smith, Gott und Jesus, der leiblich-irdisch erzeugte Sohn. Beide beauftragen ihn, das ursprüngliche Evangelium wiederherzustellen. Für die Mormonen gibt es 3 Götter: Vater - Sohn - Maria. Nicht Jesus von Nazareth, sein Sterben und seine Auferstehung sind Grund des Heils für alle Menschen, sondern ein in mythischer Vorzeit gefasster „Plan der Erlösung". Streng hierarchisch gegliedert, wollen sie eine heilsgeschichtliche Bedeutung Amerikas begründen. Hier in Amerika erscheint ja Christus nach seiner Auferstehung den in Amerika lebenden Völkern.

Für unsere „Partnerwechsel-Ingenieure" eine interessante Meldung: Die Pflege der kinderreichen Familie ist eine göttliche Institution. Eheschließung ist die „Siegelung" für Zeit und Ewigkeit.

Der Glaube an die Endzeit, der nahen Wiederkunft Jesu Christi, ist der innerste Kern der NEUAPOSTOLISCHEN KIRCHE. Die Wiederkunft wird noch zu ihren Lebzeiten erwartet. Bis zur nahen Ankunft des Herrn werden Apostel berufen. Priestergewand, kirchliche Symbole und Liturgie sind abgeschafft. Sie kennen drei Sakramente: Abendmahl, Kindertaufe und Heilige Versiegelung (Spendung des Heiligen Geistes durch Handauflegung). Im Stammapostel hat Gott seinen Gnadenstuhl aufgerichtet. Die untergebenen Apostel sind nur Gehilfen für die Erlöserarbeit. Im Mittelpunkt ihres schlichten Gottesdienstes steht eine volkstümliche Predigt mit anschließender Abendmahlsfeier.

Die BAHA'I-RELIGION ist eine aus dem schiitischen Islam Persiens hervorgegangene Reformbewegung, stark beeinflusst von westlichen Lebensformen. Quelle aller Wahrheit und Erkenntnis sind göttliche Offenbarungen, die von Gottgesandten vergangener Jahrhunderte verkündet werden: Krishna, Buddha, Zarathustra, Moses, Christus, Mohammed, schließlich Ba Ha-Ullah.

Am besten überliefert ist für sie das Wort Gottes durch den Koran.

Der Baha'ismus fordert zur Verwirkchung der Einheit der Welt ganz nach westlichem Muster die Gleichberechtigung der Geschlechter, Förderung von Bildung und Erziehung, Lösung der sozialen Frage, Einführung einer Welt-hilfssprache, Errichtung eines Weltschiedsgerichtshofes und eines Weltstaatenbundes.

Wir begegnen hier Menschen, die an einen persönlichen Gott glauben, der die Welt erschaffen hat und regiert.

Wenn der Mensch stirbt, löst sich der Körper in materielle Elemente auf, die Seele aber entwickelt sich fort. Seelenwanderung lehnen sie ab. Nur Gebet, Meditation und gute Taten führen zur religiösen Vervollkommnung. Dies geschieht aber ohne Gnade und Hilfe Gottes.

Die vier Weltreligionen

Um den religiösen Hintergrund unserer Mitmenschen zu verstehen und nicht als Fremdes zu fürchten oder gar zu hassen, möchte ich ein bisschen über ihr Denken und Wollen erzählen:

BUDDHISMUS ist die geschichtslose Religion des ewigen Gesetzes. Es gibt keinen personalen Gott. Urheber ist Buddha (der Erleuchtete) vor 2500 Jahren als Nachkomme vieler Vorgänger.

Es gibt keinen ewigen Gott, keine ewige Seele, keine ewige Materie. Unveränderlich sind nur die ewigen Weltgesetze und das Nirvana, die unsagbare, überweltliche Wonne. Sie erreicht man durch das Freiwerden von den drei Kardinallastern: Hass, Gier, Wahn.

Alles, was ist, bewirken entstehende und vergehende Dharmas, Erscheinungsformen des Weltgesetzes. Der Tod ist die Grundlage eines neuen Wesens, das Erbe vorangegangener guter oder böser Taten. Trotz dieser Erbbelastung hat das neue Einzelwesen die Freiheit, zwischen Gut und Böse zu wählen.

Der Buddhist kennt 5 Verpflichtungen:

nicht Töten, nicht Stehlen, nicht Lügen, nicht Ehebrechen und keine berauschenden Getränke genießen. Im verstärkten Maße gilt dies alles für ihre Mönche. Von ihnen wird völlige Keuschheit gefordert.

ISLAM

Zwischen 610 und 632 gründet Mohammed in Mekka und Medina die jüngste der Weltreligionen. Mohammed betrachtet sich als Fortsetzer und Vollender der jüdischen und christlichen Religionen, die er aber nur verschwommen und entstellt kennt.

Der Islam ist streng monotheistisch. Ihr Gott Allah hat keinen Sohn. Gott allein bestimmt das Schicksal der Menschen, dies ohne ihr Zutun. Trotzdem wird der Mensch für seine Handlungen beim Jüngsten Gericht belohnt oder bestraft (Paradies - Hölle). Neben vielen Sekten bilden Sunniten und Schiiten die zwei Hauptkonfessionen.

Nur der schiitische Iran ist hierarchisch gegliedert. Er hat eigene geweihte Priester.

Glaubensquellen sind der Koran, das Ewige Wort Gottes aus dem Munde Mohammeds und die Überlieferungen von Reden und vom Wirken ihres Propheten.

Als strenge Gesetzesreligion gibt es 5 Grundpflichten:

1. Bekenntnis zur Einheit Gottes und zur Prophetenschaft des Menschen Mohammed.

2. Tägliches, fünfmaliges Gebet.

3. Spenden von Almosen (entwickelt sich zur Steuer)

4. Fasten im Monat Ramadan

5. Wallfahrt nach Mekka zur Kaaba (dem Zentralheiligtum der arabischen Heiden) nach Medina und Jerusalem.

Der Islam einigt die Stämme und Kasten des Arabertums. Für ihn setzt sich der Grundsatz der Brüderlichkeit ohne Rücksicht auf Herkunft und Hautfarbe durch. Ehelosigkeit wird abgelehnt. Es herrscht Polygamie.

HINDUISMUS ist eine Geschichtliche ewige polytheistische Weltreligion. Alle Lebewesen „vom vielgesichtigen Gott Brahma bis zum Grashalm" besitzen seit Ewigkeit bestehende Seelen. Diese sind von materiellen Körpern umkleidet und müssen von einer Existenz zur anderen wandern. Diese Seelenwanderung erfolgt je nach ihren guten oder bösen Taten.

Der Wechsel von Weltentstehung und Untergang vollzieht sich periodisch in Jahrmillionen. Das Leben eines Hindu, von der Geburt bis zu seinem Tod, ist mit der Ausführung bestimmter Zeremonien verbunden.

Die Auffassungen über ihre Götter unterscheiden sich bei den verschiedenen Schulen und Sekten. Um ihre Sünden loszuwerden, ziehen die Pilger in großen Scharen zu den Badeplätzen ihrer heiligen Ströme.

Die erbliche Priesterkaste der Hindus sind die Brahmanen, die als Mönche, Asketen, Tempelministranten und Gurus wirken, aber auch weltliche Berufe ausüben.

Das asoziale Kastenwesen kann nur langsam durch staatliche Gesetze gemildert werden.

DIE VIER WELTRELIGIONEN

CHRISTENTUM	BUDDHISMUS		ISLAM	HINDUISMUS
GOTT = SCHÖPFER VATER	Kein ewiger Gott		ALLAH	
JESUS = fleischgewordener Sohn GOTTES WORT HEILIGER GEIST	EWIGES WELTGESETZ	**GOTT**	allein er bestimmt das SCHICKSAL	VIELE GÖTTER
UNSTERBLICHE SEELE EWIGES LEBEN	Keine ewige Seele Keine ewige Materie TOD = Grundlage für neues Leben	**SEELE**	UNSTERBLICHE SEELE	EWIGE SEELEN SEELENWANDERUNG
BIBEL = Altes und Neues Testament Mündliche Überlieferung	Mündliche Überlieferungen Schriften erst seit 1. Jh. v. Chr.	**SCHRIFTTUM**	KORAN = Ewiges Wort Gottes aus dem Munde des PROPHETEN Überlieferungen von Reden und vom Wirken MOHAMMEDS	VEDA in der Kunstsprache des SANSKRIT älteste Teile ca. 1-250 Jahre v. Chr. Offenbarungen von hl. Sehern
GESCHICHTLICHE ERLÖSERRELIGION	GESCHICHTSLOSE RELIGION des EWIGEN WELTGESETZES	**ART**	GESCHICHTLICHE PROPHETEN - GESETZES- RELIGION	VERGELTUNGS- Religion der WIEDERGEBURT
KATHOLIKEN PROTESTANTEN ANGLIKANER ORTHODOXE	BUDDHISTEN KONFUZIANER TAOISTEN SCHINTOISTEN	**GLÄUBIGE**	SUNNITEN SCHIITEN viele SEKTEN	KASTENWESEN

Leben in der Hand der Technik

Meine lieben Freunde, wie freue ich mich mit Euch auf das gemütliche Beisammensein nach dem Saunaaufguss in unserem Hallenbad.

Strahlende Augen blicken auf schaumgekrönte Gläser, randvoll mit kühlendem Gerstensaft gefüllt. Ein herzhaftes „Prost!". Doch schimpft mir ja nicht über die moderne Biotechnik. Denn, o Freude: 75 % aller Bioprodukte sind Bier und Wein!

Neben den modernen Gärstoffen gewinnt man durch die Gentechnik Lebensmittel-Hilfsstoffe (Enzyme, Hefepilze, Lab) zur Steigerung von Gärungs- und Gerinnungsprozessen, zur Unterdrückung von Fäulniserregern und Abwehr von Schädlingen.

Nötige Freisetzungsversuche müssen dabei verantwortungsvoll kontrolliert werden. Kleinflächige Tests prüfen die negativen Auswirkungen auf Bodenorganismen, Käfer, Bienen und das Grundwasser.

Die Gentechnik hilft uns bei der Gewinnung von Ölvarianten aus Raps: Treibstoff, Schmiermittel, Speiseöl. Die Industriekartoffel liefert Textilien, Klebstoffe, Baumwolle. Gentechnik ermöglicht Wachstumssteigerung und Qualitätskontrolle. Nutztiere liefern uns Baustoffe für Medikamente. Von den Enzymen aus der Milchdrüse der Rinder bis zur „Organspende" von ge-

netisch modifizierten Tieren für Transplantationen ohne Abstoßreaktion auf den Menschen reicht die Möglichkeit. Impfstoffe gegen Grippe, Hepatitis, Malaria, Herpes, sowie Insulin, Blutproteine und Krebs-Chemotherapeutika verdanken wir diesem Verfahren. Durch Gewebsbestimmungen kann der Nachweis von Krankheiten, Krankheitserregern, Krankheitsrisiken und Gendefekten erbracht werden. Die Gerichtsmedizin bedient sich der Gentechnik zur Lösung aufgeworfener Fragen.

Durch eine ausgewählte Bakterienzucht können wir Schadstoffe in organischen Abfällen, im Abwasser und in der Abluft absorbieren.

Nun spürt man aber heute an allen Ecken und Enden die Hilflosigkeit gegenüber den Begriffen Moral, Ethik, Menschenwürde. Das Würfelspiel mit den Bausteinen des Lebens fordert neben einem hohen Fachwissen des Forschers die Beantwortung der Frage nach dem eigentlichen Objekt seiner Experimente:

Leben, Lebenssinn, Lebensaufgabe, Lebensziel. Kann selbstherrlich die von Leben erfüllte Naturordnung des Universums, die auf Jahrmillionen begründete Tradition menschlichen Lebens gesprengt werden?

Der Anteil der landwirtschaftlichen Nutzfläche auf der Erde von derzeit 7 %

kann nicht unendlich erweitert werden. Die Weltbevölkerung hat die 6-Milliarden-Grenze erreicht. Unsere Bauern werden aber seit einigen Jahren wegen des Nahrungsüberschusses in Europa für die Nichtproduktion von der europäischen Gemeinschaft belohnt. Nicht nur meine Heimatstadt, ganz Österreich ist in Gefahr, im nächsten Jahrhundert auszusterben. Dem Fortschritt der Medizin und der Wirtschaft steht unser „Nein zum Leben der Kinder" negativ gegenüber. Was soll also der Kampf gegen Hunger, Krankheit und Altern mit Hilfe der Gentechnik, wenn zugleich der Einsatz von „sauberen" Spritzen zum Auslöschen von Leben im Mutterleib oder in Alten- und Pflegeheimen angepriesen wird.

Unsere irrationalen Ängste müssen beachtet werden. Von ehrgeizigen Forschern und Machtgruppen dürfen mit dieser Technik nicht der Orientierungs- und Maßlosigkeit gehuldigt werden.

Die Gentechnik arbeitet mit Gefäßen, mit einem Zellgerüst voll pulsierenden Lebens. Kann ich dieses Gerüst verändern, ohne eine Katastrophe hervorzurufen? Der Eingriff in die Ordnung des Lebens kann Hoffnung auf menschenwürdiges Leben und Sterben, aber auch schauerliche Möglichkeiten des Missbrauches eröffnen.

Staunend und ehrfürchtig müssen sich die Wissenschaftler fragen: „Was ist Leben?" Ist diese Urenergie nur ein chemisch-physikalischer Prozess, der vor Jahrmillionen beginnt, ohne Sinn, ohne Ziel? Ist Leben nur ein Produkt, das sich zufällig entwickelt und durch Zufall in ein zufällig entstandenes Universum geworfen ist? Wer oder was schleudert? Wer oder was bringt Ordnung in den Wirrwar der vor Milliarden von Lichtjahren entstandenen Materie? Woher stammt der Urknall, die Urenergie, die nicht vergeht, sondern nur ihre Erscheinungsformen ändert? Woher der Ordnungssinn, der im Mikrokosmos genauso zu finden ist, wie im Makrokosmos?

Vor einigen Jahrzehnten lernten wir in der Schule das Atom als kleinstes Teilchen der Materie kennen. Staunend sehen und erleben wir heute in diesem „Teilchen" die gleiche Ordnungskraft wie im Weltall. Diese Urkraft erleben wir als Segen mit den wärmenden Strahlen unserer Sonne und als Fluch in der zerstörenden Kraft der Atombombe.

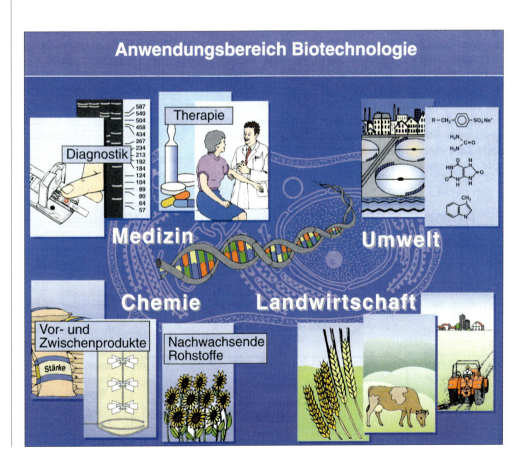

109

Statistik

Menschenschicksale hinter Zahlen

Einwohner - Häuser - Wasser- und Strom- verbrauch

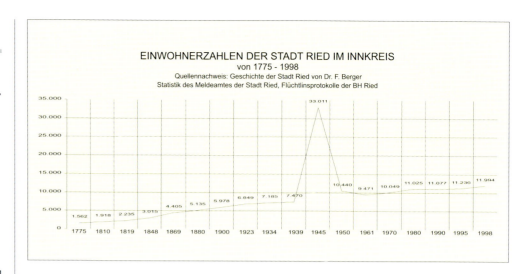

EINWOHNERZAHLEN DER STADT RIED IM INNKREIS
von 1775 - 1998
Quellennachweis: Geschichte der Stadt Ried von Dr. F. Berger
Statistik des Meldeamtes der Stadt Ried, Flüchtlinsprotokolle der BH Ried

Während sich in meinem gelebten und erlebten Jahrhundet die Einwohnerzahl der Stadt verdoppelt, wächst die Anzahl der Häuser um das Vierfache.

Da am Anfang dieses Jahrhunderts mit der Zunahme der Häuserzahl die hölzernen Wasserleitungen und Hausbrunnen nicht mehr ausreichen, kauft die Stadtgemeinde von den Besitzern des Bad- und Gasthauses St. Thomas die dortige Quelle für eine Hochquell-Trink- und Nutzwasserleitung. Die Eröffnung dieser neuen Wasserleitung erfolgt am 5. Mai 1905. Seither erreicht der Wasserverbrauch die 900.000 Kubikmetergrenze.

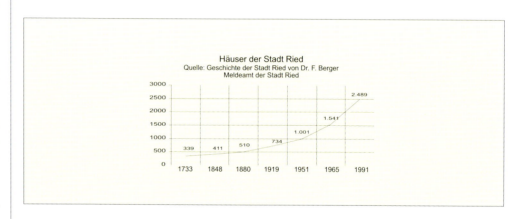

Häuser der Stadt Ried
Quelle: Geschichte der Stadt Ried von Dr. F. Berger
Meldeamt der Stadt Ried

Das Licht der Welt erblicke ich im Februar des Jahres 1919 in der Vorstadtgasse unter einer gusseisernen Petroleumlampe. Am Ende des Jahrhunderts beträgt der Stromverbrauch der Stadt bereits über 80 Millionen Kilowattstunden. Seit dem Ende des 2. Weltkrieges steigt der Strombedarf um das Zwanzigfache.

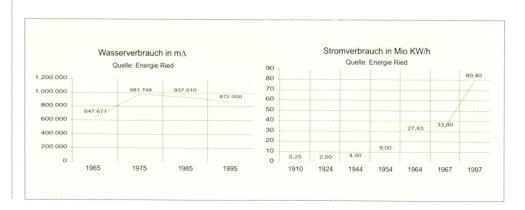

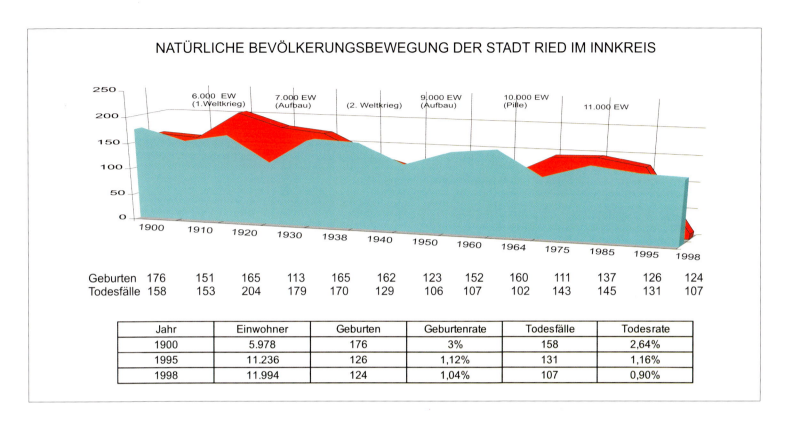

NATÜRLICHE BEVÖLKERUNGSBEWEGUNG DER STADT RIED IM INNKREIS

6.000 EW (1.Weltkrieg) — 7.000 EW (Aufbau) — (2. Weltkrieg) — 9.000 EW (Aufbau) — 10.000 EW (Pille) — 11.000 EW

	1900	1910	1920	1930	1938	1940	1950	1960	1964	1975	1985	1995	1998
Geburten	176	151	165	113	165	162	123	152	160	111	137	126	124
Todesfälle	158	153	204	179	170	129	106	107	102	143	145	131	107

Jahr	Einwohner	Geburten	Geburtenrate	Todesfälle	Todesrate
1900	5.978	176	3%	158	2,64%
1995	11.236	126	1,12%	131	1,16%
1998	11.994	124	1,04%	107	0,90%

Ried eine sterbende Stadt

Die Jahre nach dem 1. Weltkrieg mit Hunger, Not, Arbeitslosigkeit, primitiven Wohnverhältnissen und geringer ärztlicher Betreuung, ohne Beihilfen für Familien und Kinder, erklären die große Anzahl der Todesfälle und die geringen Geburtenraten.

Im Wohlfahrtsstaat mit seinem großen sozialen Auffangnetz schwindet das natürliche Verhältnis zum Leben und Lebenlassen.

Freudiges Genießen der kleinen Geschenke unserer reichen Erde erstickt in der Mobilität und im Lärm der Konsumgesellschaft.

Die Drogen des Lebens - Prestige, Erfolg, Ansehen - machen feige und abhängig von menschenfeindlichen Mächten. Man ist Sklave. Trotz des ungeahnten Fortschrittes der Medizin wirken Genusssucht und Egoismus tödlich. Für alles sind wir versichert, doch einer ausufernden Begierde sind wir uns nicht sicher.

Mit der „Anti-Baby-Pille" beginnt ein Rausch der Sexualität. Im Freiheitstaumel sind unsere Mädchen, unsere Jugend zum Freiwild geworden. Mit der Pille auf dem Nachtkästchen sind „besorgte" Eltern der Verantwortung ent-

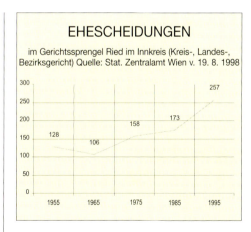

EHESCHEIDUNGEN

im Gerichtssprengel Ried im Innkreis (Kreis-, Landes-, Bezirksgericht) Quelle: Stat. Zentralamt Wien v. 19. 8. 1998

hoben. Natürliche Schranken fallen. Sexus, ein herrliches Geschenk Gottes, wird als enthemmende Droge zur Geißel menschlicher Begierde.

111

Altersaufbau

Der „Pillenknick" beginnt vor 30 Jahren. Die Alterspyramide steht nun auf zerbrechlichem Sockel. Ins Bewusstsein meiner Mitmenschen ist diese Tatsache aber noch nicht eingedrungen. Erst langsam hören wir die Alarmglocken: Woher kommen künftig unsere Pensionsgelder?

Interessant ist aber, dass Angst vor Ausländern geschürt wird, obwohl deren Anteil an der Gesamtbevölkerung 30 Jahre hindurch fast gleich bleibt (9 %).

Beim Ausländeranteil von 33,6 % im Jahre 1946 ist die Hilfswilligkeit trotz eigener Not viel größer.

Innerhalb von 30 Jahren steigt der Prozentsatz der Geschiedenen um das Vierfache. Mit dem Steigen des Wohlstandes und der familienfeindlichen Steuerpolitik sinkt unsere Leidensfähigkeit.

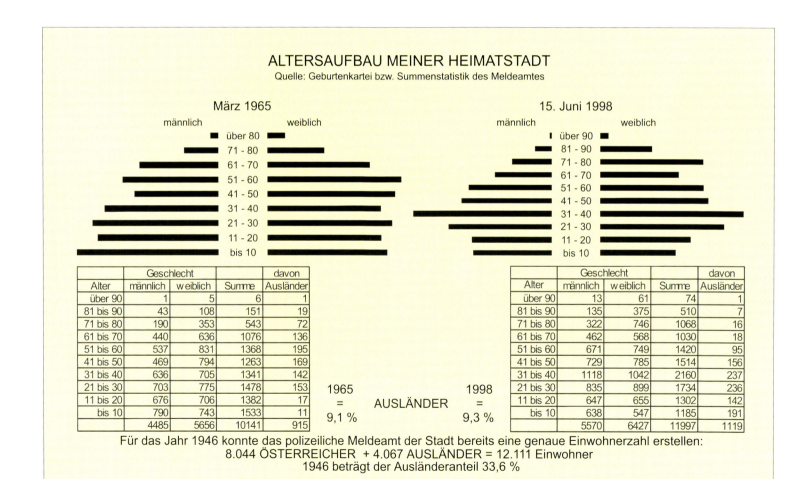

ALTERSAUFBAU MEINER HEIMATSTADT
Quelle: Geburtenkartei bzw. Summenstatistik des Meldeamtes

März 1965

Alter	Geschlecht		Summe	davon
	männlich	weiblich		Ausländer
über 90	1	5	6	1
81 bis 90	43	108	151	19
71 bis 80	190	353	543	72
61 bis 70	440	636	1076	136
51 bis 60	537	831	1368	195
41 bis 50	469	794	1263	169
31 bis 40	636	705	1341	142
21 bis 30	703	775	1478	153
11 bis 20	676	706	1382	17
bis 10	790	743	1533	11
	4485	5656	10141	915

15. Juni 1998

Alter	Geschlecht		Summe	davon
	männlich	weiblich		Ausländer
über 90	13	61	74	1
81 bis 90	135	375	510	7
71 bis 80	322	746	1068	16
61 bis 70	462	568	1030	18
51 bis 60	671	749	1420	95
41 bis 50	729	785	1514	156
31 bis 40	1118	1042	2160	237
21 bis 30	835	899	1734	236
11 bis 20	647	655	1302	142
bis 10	638	547	1185	191
	5570	6427	11997	1119

1965
=
9,1 %

AUSLÄNDER

1998
=
9,3 %

Für das Jahr 1946 konnte das polizeiliche Meldeamt der Stadt bereits eine genaue Einwohnerzahl erstellen:
8.044 ÖSTERREICHER + 4.067 AUSLÄNDER = 12.111 Einwohner
1946 beträgt der Ausländeranteil 33,6 %

FAMILIENSTAND DER EINWOHNER

März 1965
Jahrgangskartei des Meldeamtes

10. Juni 1998
Summenstatistik des Meldeamtes

männlich	weiblich	Summe		Summe	männlich	weiblich
76	607	683	verwitwet oder unbekannt	926	93	833
56	97	153	geschieden oder getrennt	779	301	478
2.133	2.460	4.593	verheiratet + (Lebensgemeinschaft)	4508 (357)	2.239 (211)	2.269 (146)
2.220	2.502	4.722	ledig	5.424	2.724	2.700
Summe	10.151			11.994		Summe

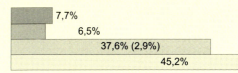

6,7%	verwitwet oder unbekannt	7,7%
1,5%	geschieden oder getrennt	6,5%
45,2%	verheiratet + (Lebensgemeinschaft)	37,6% (2,9%)
46,5%	ledig	45,2%

113

Arbeitslage - Pendler

Die Anzahl der Ein- und Auspendler in der Stadt steigt innerhalb der letzten 30 Jahre um das Vierfache. Die Pendleranzahl zu den Industriezentren Oberösterreichs erhöht sich um das Doppelte. Auch der Prozentsatz der Pendler in das benachbarte Bayern steigt von 5% auf 9%. Im Jahre 1991 kommen 3/4 aller Einpendler aus unserem eigenen Bezirk.

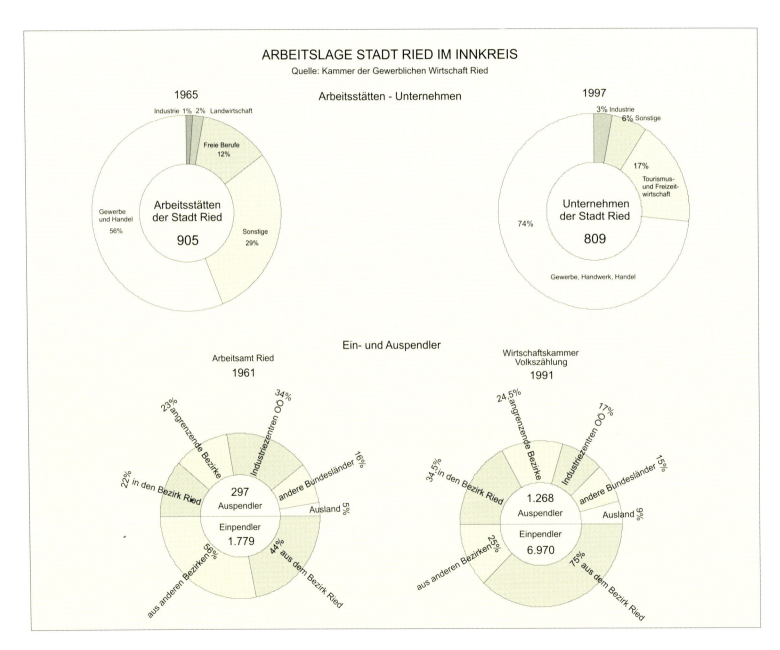

ARBEITSLAGE STADT RIED IM INNKREIS
Quelle: Kammer der Gewerblichen Wirtschaft Ried

Arbeitsstätten - Unternehmen

1965

Industrie 1%   2% Landwirtschaft
Freie Berufe 12%
Gewerbe und Handel 56%

Arbeitsstätten der Stadt Ried
905

Sonstige 29%

1997

3% Industrie
6% Sonstige
17% Tourismus- und Freizeit-wirtschaft

Unternehmen der Stadt Ried
809

74%

Gewerbe, Handwerk, Handel

Ein- und Auspendler

Arbeitsamt Ried
1961

23% angrenzende Bezirke
34% Industriezentren OÖ
22% in den Bezirk Ried
16% andere Bundesländer
Ausland 5%
56% aus anderen Bezirken
44% aus dem Bezirk Ried

297 Auspendler
Einpendler 1.779

Wirtschaftskammer Volkszählung
1991

24,5% angrenzende Bezirke
17% Industriezentren OÖ
34,5% in den Bezirk Ried
15% andere Bundesländer
Ausland 9%
25% aus anderen Bezirken
75% aus dem Bezirk Ried

1.268 Auspendler
Einpendler 6.970

114

ARBEITSLAGE IN DER STADT RIED

Wandlungsprozess einiger Berufe

Quelle: H. St. Seidenfus, Werner Sombart und die reine Theorie,
im Jahrbuch für Sozialwissenschaften, Band 11 (1960), Heft 3, Seite 260.
Kammer der Gewerblichen Wirtschaft

Im Jahre	1819	1964	1997
Bei Einwohnerzahl	2.235	9.751	11.500
Ärzte	2	34	56
Bäcker	11	13	12
Bau- und Baunebengewerbe	13	86	51
Bräuer	10	2	2
Faßbinder	4	1	-
Fleischhauer	11	9	6
Friseure	1	14	18
Gastwirte	6	45	119
Gerber	3	1	2
Glaser	2	8	4
Kaminfeger	1	3	2
Kauf- und Handelsleute	11	186	441
Lederer	5	1	2
Leinweber	64	-	-
Müller	5	-	-
Rechtsanwälte	-	17	19
Schlosser	2	5	11
Schmiede	4	1	
Schneider	9	34	7
Schuhmacher	9	13	5
Seifensieder	1	1	-
Spengler	1	4	5
Tischler	2	13	10
Uhrmacher	2	4	5
Wagner	1	1	5
Zinngießer	2	-	-

Wandlungsprozess einiger Berufe

Zwei Zahlen aus der Statistik der Wirtschaftskammer Oberösterreichs für das Jahr 1997 scheinen auf den ersten Blick unwirklich: Wo sind in unserer Stadt 119 Gastwirte? In dieser Zahl sind alle Bäcker, Konditoreien und Fleischhauer mit Gastbetrieb, alle Betriebsküchen, Kantinen, Imbissstuben und Würstl-Stände einbezogen.

Bei einem Gang durch unsere Kauf- und Handelsstadt können wir die Anzahl von 441 Kauf- und Handelsleuten feststellen.

Verkehrswesen

Vor Jahrhunderten besorgen 6 Post-stallpferde der Rieder Postmeister den Personen- und Frachtverkehr. Viele Verzäunungen, die alle Poststraßen mit Fallgittern absperren, erschweren den Reiseverkehr. 1779 werden diese Fahr-hindernisse verboten.

Seit 1877 führen zwei Bahnlinien durch unser Gebiet und seit dem Jahr 1925 verkehrt eine Reihe von Postautobus-sen.

Mit ganz großer Freude wird die Öff-nung des Innviertels nach allen Rich-tungen aufgenommen.

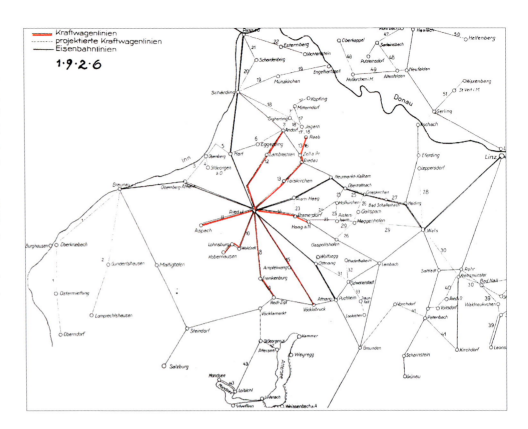

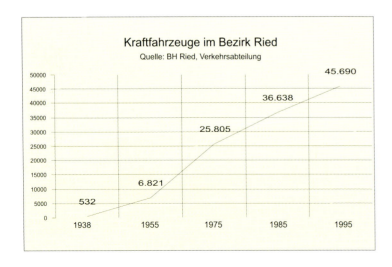

Kraftfahrzeuge im Bezirk Ried
Quelle: BH Ried, Verkehrsabteilung

116

Gedicht zur Eröffnung der Autobuslinie Redl/Zipf – Frankenburg – Ried i. I. – Riedau – Raab

Von Dir. Ferdinand Aumayr, 1925

Wo an des Hausrucks gottesnahem Saume
sich Dorf und Kirchlein in dem weiten
    Raume
ein paradiesisch Kleid um Haupt und
    Lenden webt,
wo über grünen waldumrauschten Höhen
in Franz von Piesenham poetischen
    Gesängen
die Partitur der Heimatdichtung schwebt -
zieht nun entlang der sonntagsstillen
    Straße
durch eine frohe jugendliche Gasse
die neue Zeit im rasselnden Gewand.

Vorbei an ernteschweren, reichen Fluren
ziehn neue Kräfte sieghaft ihre Spuren
quer durch das teure, liebe Heimatland,
vermitteln Stadt und Land zu tätigem
    Streben
im raschen Pulsschlag eines neuen Lebens.
Sei Glück und Heil dem Werke wohl
    bewahrt!
Ried grüßt im Mittelpunkte dieses Land's
die hohen Gäste festlichen Gewand's
zu froher Rast auf dieser ersten Fahrt.

Holzplatz   Gruss aus Ried, Ob.-Oest.

Verlag Carl Peterle, Buchhandlung, Ried 2753

Arbeitslosigkeit

Menschen ohne Arbeit

Der Auftrag an uns alle, die Erde als Geschenk des Schöpfers zu entfalten, wird in der Menschheitsgeschichte völlig verschieden aufgefasst.

Die Urstufe ist wohl der körperliche und geistige Einsatz, um überleben zu können.

Mit dem Anwachsen der Menschheit tritt Arbeitsteilung ein. Der Sklave <u>muss</u> arbeiten. Ohne Lust wird Arbeit zur Last. Als freies Geschöpf <u>will</u> ich arbeiten. Die Umwelt setzt mir aber Grenzen.

Als Glied einer sozialen Gemeinschaft habe ich <u>Recht auf Arbeit.</u>

Das Recht auf eigenes Leben, eigene Lebensgestaltung muss in der Familie fundiert sein.

In einem riesigen modernen Wirtschaftskörper wird die Forderung nach eigener Verwirklichung immer komplizierter. Eigenwille und Erfordernisse einer großen Gemeinschaft erfordern Organisationsfähigkeit u n d Gemeinschaftssinn. Dem Suchen und Forschen nach weltumspannender Arbeitsteilung stehen bereits Elektronengehirne zur Verfügung. In der Mitte dieses Prozesses steht aber der Mensch mit seiner eigenen Willens- und Gefühlswelt.

Die natürlichste Ausbildung zum Menschsein, zum Mitsein im eigenen Umfeld, ist und bleibt die Familie. Dieser kleine Sozialverband ist die Urschule des Lebens. Die Familie ist Stätte gemeinsamer Trauer und Freude, gemeinsamen Hoffens und Helfens. In diesem überschaubaren Verband werden die Kräfte herangebildet, die Angst, Neid, Hass zurückdrängen. Der Wille zum Übermaß, zum Darüberschwindeln, zur Ausbeutung wird zurechtgestutzt.

In den sozialen Zellen, den Familien der Heimat, werden die Nachkriegsjahre meiner Kindheit gemeistert. Trotz Not und Elend.

Ab 1934 sinkt die Anzahl der Arbeitslosen, es kommen langsam erträglichere Verhältnisse. Die Drohung des großen Bruders jenseits der Grenze schweißt zusammen und erweckt den Glauben an ein selbstständiges Österreich. Mit der Besetzung unseres Landes gibt es wohl Arbeit. Die Welle der ersten Pendler landet auf der Reichsautobahn und in der Schwerindustrie. Man rüstet zum Krieg.

Dem Schrecken des Krieges folgt ein selbstloser Arbeitswille. Nach zehnjähriger Besatzungszeit hören wir im Mai 1955 den erlösenden Ruf: „Österreich ist frei!" Vollbeschäftigung ist angesagt. „Wohlverdiente Rechte" und „wohlverdienter Ruhestand" verdecken die Defizite menschlicher Werte. Wertvollem Hab und Gut müssen Grundwerte des Lebens weichen. Das soziale Netz ist überspannt, es droht zu reißen. Sparpakete der Regierung können wohl versuchen den Staatshaushalt in Ordnung zu bringen. Ruinen menschlichen Denkens, menschlichen Begehrens tauchen auf. Im Geldsack erstickt das „Ja" zum freudigen, werterfüllten Leben. Im Elektronenzeitalter schmilzt das Feld der Arbeit und der Wille zum Dienen. Den Glauben an die Erlöserwelt unseres HERRN verdrängen Ängste vor Unheil und Untergang.

Und doch: Wieder werden es im kommenden Jahrhundert Familien sein, aus denen Kinderlachen, Mutterglück und Vaterstolz in ein glückliches europäisches Österreich leuchten.

Die Arbeitslosigkeit (Jahresdurchschnitt)

I. Oberösterreich 1931 - 1937
Quelle: Harry Slapnicka - OÖ Landesverlag Linz 1977

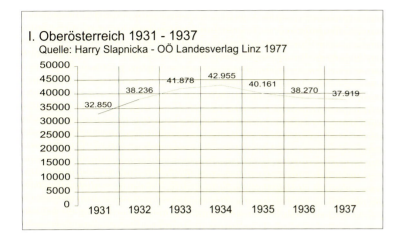

II. Bezirk Ried im Innkreis 1946 - 1998
Quelle: Arbeitsmarktservice Ried im Innkreis

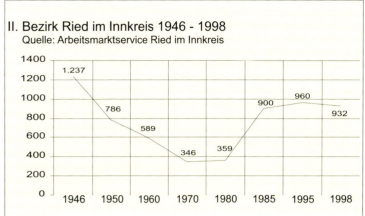

III. Stadt und Bezirk Ried

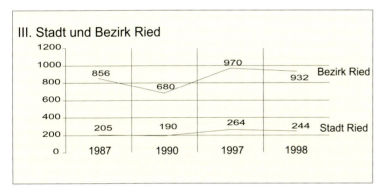

IV. Arbeitslosenquote (in %)

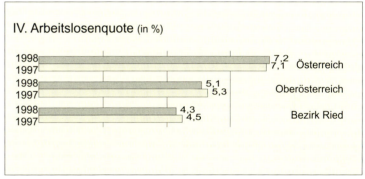

V. Vorgemerkte Ausländer im Bezirk Ried

1997   94 = 9,7%   1998   92 = 9,9%

Landwirtschaft

Vom Bauer zum Manager

In den letzten 60 Jahren erleben wir einen riesigen Wandlungsprozess in unserer Land- und Forstwirtschaft. Durch den Ausbau einer modernen Infrastruktur verringert sich die gesamte Nutzungsfläche im Bezirk um 10%. Die Anzahl der bäuerlichen Betriebe und der familieneigenen Arbeitskräfte ist gar nur mehr 50%. Familienfremdes Personal sinkt auf 6%.

Der Anteil am Wald bleibt gleich, Wiesen verringern sich um 6%, Ackerflächen vermehren sich um 12% und die ehemals 6% unproduktiven Flächen werden der Bearbeitung zugeführt.

Der Rinderbestand steigt um 25%, die Anzahl der Schweine verdoppelt sich. Pferde werden von Heuerntemaschinen, Traktoren und Mähdreschern verdrängt. Das Zugtier wird zum Reittier für die Freizeit.

Hinter der Modernisierung, Motorisierung und Elektrifizierung der bäuerlichen Betriebe muss ein großes Generationenproblem bewältigt werden.

Jahrhundertalte Arbeitsweisen, Denkformen und Lebenspraktiken werden über den Haufen geworfen. Der Bauer als „Brotvater", zu dem die Kundschaft kommt, reift zum Manager, Makler, Heger, Pfleger und Werbefachmann heran. Aus seinem modernen Dienstleistungsbetrieb muss er heraustreten und die Werbetrommel rühren. Der Beitritt zur Europäischen Union verstärkt den Preisdruck, da seine Kulturarbeit für Mensch und Umwelt nicht mehr honoriert wird. Landwirtschaftliche Produktionshallen können mehr und preisgünstiger erzeugen.

Der junge Bauer erarbeitet sich für die neuen Aufgaben in Fachhochschulen und Seminaren der Landwirtschaftskammer eine gediegene Ausbildung. Er erreicht die Berufstitel als „Landwirtschaftlicher Facharbeiter" und „Meister".

Die schwerste Belastung beim Wandlungsprozess des Dorfes trägt noch immer die Bäuerin. Neben Haushalt, Kindererziehung, Stall- und Feldarbeit ist sie die bäuerliche Werbeträgerin auf dem Bauernmarkt, beim Urlaub auf dem Bauernhof und als wahre Künstlerin bei Näh-, Stick- und Kochkursen der Volksbildungswerke.

In diesem großen Umwandlungsprozess auf dem Lande ist auch die Kirche als Erhalterin menschlicher Werte hineingeworfen. Nicht nur die Anzahl der bäuerlichen Betriebe ist halbiert, auch viele Pfarrhäuser sind verwaist. Wenige Priester betreuen mehrere Pfarrgemeinden. Freudiger, selbstloser Einsatz ist gefordert. Menschenfreundliche Steuerung des ökonomischen und biologischen Materialismus, die Erstarrung in Sachwerten und das große Streben nach Lustwerten, dürfen nicht Zentrum des pulsierenden Lebens sein.

Ein gläubiger, werterfüllter Bauer ist noch immer der modernste Verwalter von Grund und Boden.

	1930	1951	1960	1990	1995
Land- und forstwirtschaftliche Betriebe	5.586	5.436	5.225	3.312	2.948
Familieneigene Arbeitskräfte	14.778	14.311	12.287	6.261	7.229
Familienfremde Arbeitskräfte	7.650	5.997	3.718	514	470

Viehbestand (Gesamtzahl)

	1930	1951	1964	1995
Pferde	6.166	6.393	1.009	885
Rinder	48.882	49.049	57.280	61.434
Schweine	33.176	50.004	52.941	70.656

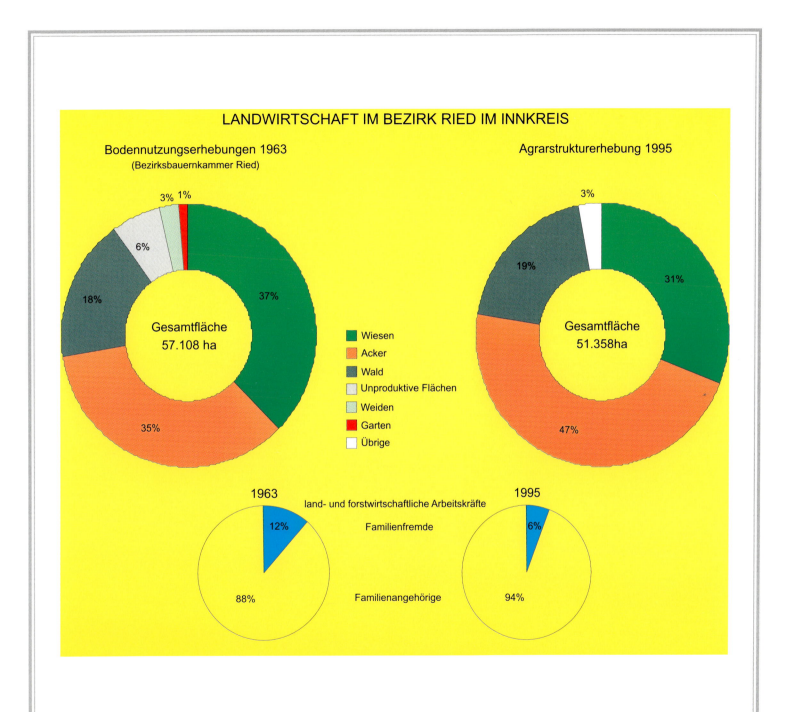

LANDWIRTSCHAFT IM BEZIRK RIED IM INNKREIS

Bodennutzungserhebungen 1963
(Bezirksbauernkammer Ried)

Agrarstrukturerhebung 1995

Gesamtfläche
57.108 ha

3% 1%
6%
18%
37%
35%

Gesamtfläche
51.358ha

3%
19%
31%
47%

Wiesen
Acker
Wald
Unproduktive Flächen
Weiden
Garten
Übrige

1963

1995

land- und forstwirtschaftliche Arbeitskräfte

Familienfremde

12%
88%

6%
94%

Familienangehörige

121

Kriminalität

Die Angst unserer Bevölkerung vor Ausländern ist auch auf dem Gebiet der Kriminalität unbegründet.

Im Jahr 1975 stehen 9% jugendlichen Österreichern nur 0,3% junge Ausländer als Angeklagte gegenüber.

Selbst 1995 beträgt der Prozentsatz der ausländischen Jugend nur 1% aller Kriminalfälle in Österreich.

KRIMINALITÄT
(Angeklagte wegen Verbrechen und Vergehen)
im Sprengel des Kreis- (heute Landes-) gerichtes Ried
Quelle: Statistisches Zentralamt Wien

Jahr	1904	1921	1931	1934	1946	1951	1961	1975	1985	1995
Anzahl	346	1094	688	1021	1464	784	575	760	1271	1190

Nachkriegsjahre Notzeit

Nachkriegsjahr

Politische Wirren

Beginn einer Wohlstandskriminalität

Kriminalität in Österreich

Jahr	Gesamt	Inländer	Ausländer	davon Jugend/Inländer	davon Jugend/Ausländer
1975	82.764	89,80%	10,20%	9,10%	0,30%
1985	84.096	91,50%	8,50%	8%	0,40%
1995	69.779	79,30%	20,70%	3,80%	1%

Erlebtes Jahrhundert

Mein Gott, was darf ich alles im letzten Jahrhundert miterleben, mich mitfreuen, mitleiden. Es ist ein erfülltes Leben mit ungeahnten Fortschritten und menschlichem Versagen.

Was ist aus unserem Bad in der Waschküche, was aus dem Waschtag mit „z'lextn Waschboding" und der Waschrumpel geworden? Wo ist die Petroleumlampe, die meine Geburtskammer in der Vorstadtgasse erleuchtet, wo das Petroleumöferl, das unser Heim in Ried und später mein Studierkammerl in Salzburg erwärmt?

Kein Staubsauger und Warmwasserspeicher ist in Sicht. Das kleine Proviantkasterl, der Surkübel im kühlen Kohlenkeller weicht dem Kühlschrank, der Gefriertruhe.

Die Schiefertafel mit Griffel, einem Stofffetzerl und kleinem Schwamm ersetzt jetzt das saubere Schulheft mit Füllfeder, Kuli und Korrekturstift. In der Schule ist längst der große Rechenständer mit verschiebbaren Holzkugeln einem elektronischen Gerät gewichen. Ried ist zu einer mächtigen Schulstadt herangewachsen.

Statt Sichel, Sense, Heugabel und Heurechen, Pflug und Handsäge rattern motorisierte Ungeheuer über Äcker, Wiesen, Wälder. Heustadel weichen den Silotürmen.

Klappernde Schreibmaschinen kennt man nur noch in Museen. Unersetzlich sind heute Computer, digitales Ferngespräch, Internet.

Gruppenfahrten auf Lastwagen mit Brauereibänken werden durch Stockautobusse und Jumbo-Jets ersetzt.

Mütter ohne Kinder- und Familienbeihilfe, einst in Großfamilien als Haushälterin, Geschäftsführerin, Köchin, Kellnerin, Krankenschwester, Psychologin, Therapeutin eingesetzt, werden von der selbstverwirklichten Managerin, Facharbeiterin und Quotenspezialistin abgelöst.

Jahrtausendaltes Kunstverständnis erhält durch Aktionen moderner Art Alternativen zum Nachdenken. Riesige Lautsprecher und Klangwolken, Feuerwerke und Massenspektakel erregen Augen und Ohren.

Großkaufhäuser und Einkaufshallen mit plastikverpackter Ware verdrängen den Krämer mit seinen Sackerln, Tüten und dem Papier zum Selbstfüllen.

Mit vielen Ängsten der Bevölkerung wird von den Stadtvätern das kleine, gemeindeeigene Spital an die Krankenschwestern abgegeben, die uns nun ein großes Krankenhaus mit zahlreichen Abteilungen anbieten. Arztkunst und Heilmittel vollbringen Wunderdinge für die Gesundheit und mühen sich um menschenwürdiges Leben.

In meinen Lebensjahren reift das Armenhaus Österreich zum Sozialstaat, zum Wohlfahrtsstaat heran.

Mit Änderungen der Liturgie und der Einführung unserer Muttersprache will die Kirche den Menschen näher kommen; doch wir haben anscheinend vom HERRN nicht mehr viel zu erbitten. Das Danken überlassen wir den Alten.

Und doch sind die Ängste des Menschen eigentlich gleich geblieben: Trotz einer Vielfalt von Versicherungen sind Furcht vor Leben und Tod, vor Katastrophen, Leid, Neid, Arbeitslosigkeit, Misserfolg, Einsamkeit, Hilflosigkeit, Einschränkung des „wohlverdienten Ruhestandes" und des ungezügelten Freiheitsdranges nicht weggezaubert.

Inmitten unserer pulsierenden Heimat, unserer herrlichen Welt steht der hoffende, ängstliche, der gläubige Mensch.

Unser pulsierendes Leben,
unsere Gotteshäuser
sind erfüllt von Bitten.
Sehr karg erklingt im Alltag
das Lied des Dankes.
Dass dieses mein Lebensbuch
sichtbare Gestalt annehmen kann
verdanke ich opferbereiten Menschen:

Hans Pachner, Maria Vöcklinger
und Ingrid Nowka.

Voll Freude reiche ich Euch die Hand!